Realizzazione a cura di © 2024 Dark Abyss Edizioni
P. iva 04545570162
E-mail | info@darkabyss-edizioni.com
Sito web | darkabyss-edizioni.com

Tutti i diritti sono riservati. Nessuna parte di questo libro può essere riprodotta o trasmessa in alcuna forma né con alcun mezzo, elettronico o meccanico, incluse fotocopie, registrazioni, né può essere archiviata e depositata per il recupero di informazioni senza il permesso scritto dell'Autore, eccetto laddove permesso dalla legge.

ISBN: 9798883099990

A mia figlia Sophia Victoria,
A Liam,
All'Abisso che conosco e abbraccio,
All'energia che scorre,
Agli Spiriti che camminano al mio fianco.

HOODOO

L'Hoodoo o Rootworking è una pratica magica popolare, priva di legami con qualsiasi religione, che si sviluppa negli Stati Uniti grazie agli elementi spirituali della tradizione dell'Africa Centrale e Occidentale, mescolando integrazioni europee e caraibiche. Il terribile commercio degli esseri umani che si svolse tra il XVI e il XIX secolo, portò gli africani ad adattare la loro cultura al nuovo territorio. Gli uomini e le donne, asserviti nella Tratta Atlantica, mescolarono i loro canti sacri, le ricette, gli incantesimi, le danze, la medicina di guarigione, la venerazione della natura, degli Antenati e dei Morti, alla nuova società sviluppando qualcosa di nuovo, ma che ricordasse ciò che avevano dovuto lasciare nella loro terra d'origine.

La mescolanza con le tribù dei nativi americani portò gli africani a imparare l'uso delle erbe e delle radici curative indigene della nuova fauna. L'autrice e docente, Katrina Hazzard – Donald, scrive dell'Hoodoo: "L'Hoodoo era un collante che teneva unita la comunità degli schiavi. (…) L'Hoodoo non serviva solo come sistema di trattamento medico, psicologico e spirituale, ma definiva l'unicità di una cultura che affrontava una pressione aggressiva e abusiva per

integrarsi in una società che non offriva loro tregua o accettazione".

Ecco che allora l'Hoodoo può essere definito *il calderone della pratica magica nera* che mescola la tradizione popolare africana con la spiritualità indigena, erboristica e sovrannaturale. Coloro che erano guaritori e uomini spirituali importanti in Africa, continuarono le loro pratiche nelle piantagione del Sud America, assumendo ruoli diversi all'interno della comunità degli schiavi. Se nella loro terra d'origine, il loro compito era quello di aiutare l'uomo a creare un collegamento con il Divino, adesso il trauma e il trasporto come schiavi, li portò a cercare soluzioni per sopravvivere e proteggersi da coloro che erano diventati i proprietari delle loro vite. La continua oppressione, nata dalla paura dei proprietari di schiavi e dalle continue torture fisiche e psicologiche a cui gli africani erano sottoposti, proibiva o limitava le guarigioni e le riunioni religiose in alcune aree, costringendo la pratica dell'Hoodoo alla clandestinità.

L'assistenza medica degli uomini e delle donne delle piantagioni era un problema per il proprietario. Da un lato uno schiavo forte e in salute poteva lavorare molto di più di uno malato, ma dall'altro i medici bianchi erano una proposta costosa, il che provocava nei proprietari una certa riluttanza a fornire cure mediche. Questo problema portò alla nascita dei guaritori afroamericani.

I *dottori delle radici* si ritrovarono a guarire utilizzando prodotti botanici coltivati nei campi, raccolti nelle foreste e scavati nelle paludi.

Il ruolo di dottore non veniva più ricoperto solo dalla figura maschile, ma anche le donne potevano essere *medici delle radici* creando tonici, disinfettanti e tutto ciò che poteva curare gli schiavi malati e feriti per via dell'estenuante lavoro nella piantagione.

La figura del dottore delle radici attraversava la malattia al di là della sua manifestazione fisica, cercando il malessere psicologico che avesse dato l'origine al problema. L'interruzione dell'equilibrio di un livello del benessere psico-fisico poteva influire su tutti i livelli dell'individuo. Per questo motivo, la pratica del dottore delle radici si sviluppava nell'analisi a tutto campo dell'uomo malato o ferito.

All'interno dell'Hoodoo è possibile trovare anche la figura del *medico evocatore* che lavorava come consulente spirituale utilizzando incantesimi, amuleti, talismani, preghiere e recita delle scritture sacre per guarire il malato o ferito. Così come il dottore delle radici, anche in questo caso, il ruolo di medico evocatore poteva essere ricoperto anche dalle donne che incarnavano lo spirito divino all'interno delle comunità di schiavi. Un compito molto importante per il medico divinatore era quello di rimuovere maledizioni e fatture dal corpo di un individuo e rimbalzare o mandare indietro la maledizione a coloro che l'avessero inviata.

Nella cultura degli schiavi i ruoli di *medici*, sia delle radici che evocatore, poteva essere ricoperto dalla stessa figura. Questo doppio ruolo si evidenzia nella levatrice che lavorava sia nel gestire al meglio le malattie fisiche o il parto di una donna, sia nella pratica magica con l'utilizzo di incantesimi, talismani e preghiere per il benessere e la sopravvivenza degli uomini e donne dell'intera comunità. I dottori delle radici e divinatori avevano facile accesso a materiali come cordoni ombelicali e placente, che venivano utilizzati in alcuni dei loro rituali.

Quando cominciarono a vedere l'efficacia delle tecniche utilizzate dai guaritori della comunità, la maggior parte dei proprietari di schiavi e piantagioni iniziò ad affidarsi ai medici delle radici per mantenere in salute la popolazione di schiavi, fino a cercare i consigli e le abilità dei guaritori per sé e per le proprie famiglie, piuttosto che incorrere nelle spese di un medico bianco. Nonostante furono in molti ad affidarsi alla guarigione nera, la paura prese il sopravvento quando i proprietari di schiavi si resero conto che gli uomini e le donne della piantagione avessero in pugno la vita e la morte, la salute e la malattia; in quanto un dottore poteva infliggere con facilità la morte di un paziente.

Nel 1748 fu approvata una legge della Virginia che vietava agli afroamericani di preparare o somministrare farmaci di qualsiasi tipo. La legge affermava che: "Considerando che molti negri, con la scusa di praticare la medicina, hanno preparato medicine velenose, con le quali molte persone sono state uccise e altre hanno languito in lunghe e noiose indisposizioni, e che sarà difficile scoprire tali pratiche perniciose e pericolose, se sarà permesso loro di esibire qualsiasi tipo di medicina. Pertanto, in virtù dell'autorità sopra citata, si stabilisce che, se un negro o un altro schiavo preparerà, mostrerà o somministrerà qualsiasi tipo di medicina, sarà giudicato colpevole di crimine e subirà la morte senza il beneficio del clero".

Nei cento anni successivi, questa legge e molte altre costrinsero la guarigione Hoodoo a una profonda clandestinità. In alcuni casi, gli schiavi potevano praticare la medicina sotto l'occhio vigile del proprio padrone e la punizione era ridotta alle frustate piuttosto che

alla morte, in modo che il proprietario dello schiavo non perdesse il suo investimento.

Tra il 1748 e il 1884, un totale di 153 afroamericani fu processato per aver usato la medicina illegalmente.

I dottori delle radici che curavano con erbe, radici e altre parti di piante, nascosero le loro medicine nei cibi o curavano i loro pazienti in segreto per evitare di essere scoperti e perseguiti; tuttavia, dai processi effettuati, nacque un maggiore affidamento ai medici evocatori che guarivano con canti, incantesimi e scritture piuttosto che ai medici delle radici che somministravano trattamenti a base di erbe.

La persecuzione dei servizi medici prestati dagli afroamericani fece sì che la maggior parte dei medici delle radici lavorasse di nascosto. Gli abitanti delle paludi continuavano a scavare per trovare radici e i guaritori raccoglievano ancora erbe medicinali, ma combinare questi ingredienti in tonici curativi, tinture, e altri trattamenti costituiva un'attività criminale. Per evitare di essere perseguiti, i dottori delle radici diventavano accessibili solo se si conosceva qualcuno che conosceva qualcuno.

Ancora oggi è difficile evidenziare come sia nato il termine Hoodoo; in quanto, la comunità che praticava il soprannaturale e la magia delle tradizioni non poteva intendere con questo termine ciò che fosse insito da generazioni nella loro cultura.

Alcuni ricercatori sostengono che il vocabolo l'Hoodoo venne usato a partire dal 1875 in America, indicando in maniera dispregiativa tutti gli uomini che praticassero la magia nera, africana.

Non essendoci prove certe dell'utilizzo del termine come offesa

ed etichetta per la comunità africana, diversi ricercatori affermano che la parola Hoodoo deriva da *Hudu*, lingua parlata da una delle tribù del Ghana. L'acceso dibattito creato per l'origine del vocabolo Hoodoo viene interrogato anche da diversi storici che sostengono che l'assenza di testimonianze scritte della parola Hoodoo prima del 1875 era dovuto al divieto per la comunità degli schiavi africani di poter leggere e scrivere.

Le uniche fonti certe sulla vita e sulla spiritualità della comunità africana le troviamo attraverso i diari, le agende e i registri dei proprietari degli schiavi, oltre a una raccolta di incantesimi Hoodoo scritta da Harry M. Hyatt: "Hoodoo-Conjuration- Witchcraft-Rootwork".

Harry Middleton Hyatt era un ministro anglicano che collezionava folklore come hobby e che identifica come le ricette Hoodoo spesso non includono misure specifiche e nemmeno un elenco preciso degli ingredienti, ma su componenti grossolani in modo che il praticante possa utilizzare ciò che ha a disposizione nella sua abitazione o nel luogo in cui pratica.

La versatilità dell'Hoodoo nell'utilizzo di ciò che sia ha a disposizione e nella fusione di più pratiche di diverse culture, ha dato modo di identificare l'Hoodoo in più fasi di sviluppo:

- Black Belt Hoodoo
- Hoodoo dell'Era della Ricostruzione
- Hoodoo dell'Era Post – Ricostruzione
- Hoodoo commercializzato

Il *Black Belt Hoodoo* o cintura nera dell'Hoodoo è un termine coniato da Katrina Hazzard – Donald che identifica la prima forma di Hoodoo praticata negli Stati Uniti; sviluppata, quindi nelle piantagioni di schiavi che si differenzia dal Voodoo e dall'Hoodoo praticato nel New Orleans.

Nonostante le origini siano le stesse, esiste una netta differenza nell'Hoodoo tra la pratica della comunità africana nelle piantagioni e dagli abitanti del New Orleans.

L'Hoodoo del New Orleans si mescola al cattolicesimo, essendo una zona prevalentemente francese, mentre l'Hoodoo della zona meridionale degli Stati Uniti si mescola alla religione protestante.

Un'altra netta differenza la troviamo nella venerazione degli Antenati.

La cultura africana trovatasi ad adattarsi al nuovo ambiente per via della schiavitù, vide smembrate le proprie origini in quanto i proprietari degli schiavi distrussero le famiglie, i villaggi e mescolarono tra loro uomini e donne provenienti da terre diverse. La distruzione delle famiglie che si videro vendute, comprate e rivendute ancora, compromisero la possibilità di onorare e conoscere i propri Antenati, creando un cambiamento notevole dello sviluppo dell'Hoodoo. In Louisiana, invece, i venditori di schiavi erano obbligati per legge a vendere le famiglie come gruppo, il che contribuì a preservare le tradizioni ereditarie e la venerazione degli antenati a New Orleans.

L'Hoodoo dell'Era della Ricostruzione iniziò nel 1863 portando i praticanti ad adattarsi di nuovo all'ambiente che li circondava. Nonostante la fine della schiavitù, in realtà la condizione degli africani non migliorò e, nel Sud degli Stati Uniti, aumentarono le tensioni razziali.

I proprietari di schiavi obbedivano ancora al Codice nero *(Code noir)*, una raccolta di una sessantina di articoli promulgati nel 1685 da Luigi XIV di Francia riguardanti le norme sulla vita degli schiavi neri.

Tramite il Codice nero gli uomini e le donne schiavi non erano più identificati come persone, ma cose; senza, dunque, aver nessun tipo di diritto.

Con la fine della schiavitù, che costringeva i proprietari a rinunciare alla *proprietà* acquistata, l'America continuava a non considerare persone gli schiavi liberati.

Anche se uomini liberi, gli afroamericani si ritrovarono a non poter votare, a non poter affittare un alloggio e a non poter ancora leggere e scrivere. La persecuzione e le torture psicologiche spinsero alcuni afroamericani a spostarsi verso il Nord, allontanandosi così di nuovo dalla cultura delle radici, dalle erbe e dalla guarigione della natura a cui ormai si erano abituati. Non tutta la comunità di schiavi liberati conosceva la pratica dell'Hoodoo e molti si affidarono a uomini e donne medicina che praticavano i diversi riti con il baratto come metodo di pagamento.

L'Hoodoo assunse una nuova forma. Gli schiavi liberati, trasferendosi al Nord, adesso avevano bisogno non solo di guarire e di ottenere il benessere psico-fisico, ma di avere fortuna, protezione dagli eventi e la necessità di ottenere un lavoro e una casa.

Il cambiamento significativo dell'Hoodoo lo troviamo con *L'Ho-*

odoo Post – Ricostruzione.

Il trasferimento di molti uomini del Sud verso il Nord portò alla fusione e condivisione di tecniche da parte di tradizioni diverse.

A New Orleans l'Hoodoo si mescolò con il cattolicesimo, utilizzando i Santi come pantheon divino.

In altre zone degli Stati Uniti, l'Hoodoo si fuse con le religioni protestanti dando importanza a figure bibliche come Mosè. Entrambi gli Hoodoo utilizzavano la lettura dei Salmi e testi sacri durante le pratiche di evocazione e guarigione. Solo nell'Era della Post – Ricostruzione, la fusione tra Hoodoo e cristianesimo ebbe maggior crescita, assicurando la sopravvivenza della pratica magica nera.

Dopo la Prima Guerra Mondiale, si diede il via alla commercializzazione dei materiali e delle pratiche Hoodoo, creando così l'*Hoodoo commercializzato* che identifica quella fase in cui la pratica dell'Hoodoo non è più nascosta e lasciata in mani di evocatori e lavoratori delle radici, ma entra nel regno del commercio. Gli uomini d'affari, senza conoscere la sacralità della pratica, sfruttarono l'Hoodoo per il benessere economico.

Iniziò l'avvento dei venditori ambulanti che misero in commercio forme fittizie dell'Hoodoo come amuleti, sacchetti di magia, tinture, tonici senza possedere l'esperienza e la conoscenza dei prodotti in vendita. L'obiettivo dell'uomo di affari e del venditore ambulante, non era fornire un trattamento medico reale, ma spingere la folla ad acquistare istintivamente il prodotto *strano e magico*, per poi andarsene velocemente dalla città prima che l'acquirente si rendesse conto della truffa.

L'Hoodoo commercializzato prese piede anche nei negozi dove iniziarono a vendere prodotti Hoodoo creando pubblicità ingannevoli che si rivolgevano agli afroamericani migranti. Le frasi più comuni che venivano utilizzate per trarre in inganno erano: «Fratello sei lontano dalla tua terra? Sorella vuoi tenere con te il tuo uomo?»

Gli afroamericani lontani dal Sud iniziarono a farsi influenzare dalle pubblicità e dando la possibilità all'Hoodoo commercializzato di prosperare. Senza l'aiuto dei dottori delle radici, le donne e gli uomini furono costretti ad autodiagnosticarsi i problemi di salute e l'interruzione dell'equilibrio, lavorando a memoria su rituali e l'applicazione dei prodotti.

La sacralità del prodotto, il legame ancestrale e divino con le piante e le radici, venne interrotto dall'imitazione venduta dai negozi. Spesso le ricette dei prodotti in vendita venivano create dai veri rootworker (lavoratore delle radici) che consapevolmente sbagliavano la preparazione per non rivelare le pratiche dell'Hoodoo e per far sì che il cliente dovesse affidarsi sempre ai loro prodotti.

Il commercio dell'Hoodoo si ampliò con la nascita dei negozi di candele ritualizzate.

Candele create con una mistura di erbe ed etichette con diciture come "Torna da me", "Bandire", "Successo economico"; tuttavia, le candele non facevano parte dell'Hoodoo originale in quanto, essendo oggetti costosi, gli uomini e le donne della piantagione non potevano accedere alle candele, se non nella villa della piantagione.

Molti neofiti o praticanti che si avvicinano con curiosità all'Hoodoo credono che Voodoo e Hoodoo siano la stessa cosa. La diffi-

coltà inizia già nel termine stesso della parola Voodoo. In kreyol, la lingua ufficiale di Haiti, il termine corretto è "Vodou". In francese il vocabolo utilizzato è "Voudou". La versione americanizzata è "Voodoo"; in realtà, tutte le forme sono corrette; tuttavia, se l'Hoodoo è una pratica di magia popolare della cultura africana mescolata a quella europea e dei nativi americani e all'utilizzo cerimoniale di altre religioni, il Voodoo, invece, è una religione in cui i praticanti venerano e servono i Lwa (L'wah), scritti anche Loa (Lo-ah), che sono gli spiriti del Vodou haitiano e del Voodoo del New Orleans.

Ciascuno dei Loa ha una propria personalità, danze sacre, rituali, simboli, canti e requisiti per coloro che li servono.

New Orleans fu la capitale del Voodoo e diede vita ai maggiori sacerdoti come Marie C. Laveau, Doctor John e Doctor Buzzard. La maggior parte dei sacerdoti teneva gli incontri pubblici nella piazza principale del paese venerando gli Antenati con tamburi, danze, trance, canti e festeggiamenti vari. Il Voodoo di New Orleans prosperò commercializzando apertamente sia i rituali magici, sia la pratica spirituale, divenendo la città simbolo del Voodoo e dell'Hoodoo.

L'Hoodoo che si sviluppò in Louisiana includeva influenze haitiane, francesi, cajun, spagnole e creole basate sulla struttura della magia africana. In particolare, questa influenza così marcata è possibile vederla, ancora oggi, nell'utilizzo del gris – gris, un piccolo sacchetto di oggetti magici dedicati a una causa specifica, dell'acqua profumata come l'Acqua Florida, oleoliti, polveri, bambole di stoffa e fantocci.

Il legame con il cristianesimo cattolico e protestante diede possibilità all'Hoodoo, anche fuori della Louisiana, di sopravvivere ancora oggi.

La Chiesa cristiana pronta a soverchiare ogni tipo di religione portò l'Hoodoo a incorporare la venerazione dei Santi cattolici e l'uso di Salmi. La scrittrice e giornalista Zora Hurston affermò: "Mosè era il miglior uomo Hoodoo del mondo. (…) Tutti ritengono che la Bibbia sia il grande libro di evocazione del mondo". I miracoli che Mosè compì per liberare gli schiavi d'Egitto divennero una rappresentazione del potere sovrannaturale dell'Hoodoo.

La Bibbia venne venerata come un talismano magico e potente e, se portata con sé, poteva essere utilizzata per protezione o, se lasciata aperta su una scrittura specifica, usata per un determinato lavoro.

La base dell'Hoodoo rimane ancora oggi cristiana, cattolica o protestante.

Molti rootworker non accettano l'inclusione di praticanti del mondo pagano; tuttavia, nel campo esoterico, i pagani che esercitano incantesimi trovano molta familiarità con l'Hoodoo per via dei suoi processi semplici, dalla facilità di trovare gli strumenti adatti e dalla similitudine con i propri rituali. Per esempio, i praticanti del culto norreno troverebbero facilità nello studio delle erbe e delle radici per la guarigione e la connessione con gli Antenati. Chi lavora con i feticci, invece, troverà familiarità con le bambole Voodoo, avendo già un'infarinatura su come utilizzarli. Un altro esempio concreto può essere visto nel concetto di Crocevia, elemento molto importante nell'Hoodoo, che può trovare familiarità con la Dea

Ecate e la venerazione del crocevia.

Un aspetto dell'Hoodoo che non è cambiato dai tempi dell'origine nelle piantagioni è l'utilizzo di erbe, pietre, resine, radici, parti del corpo di animali e fluidi corporei come sperma, sangue mestruale, urina e saliva. Anche la pelle, i capelli e le unghie legano il lavoro magico a una parte coinvolta nel processo magico.

Il Black Belt Hoodoo insegna che più un'erba, una radice o un fiore sono vicini al loro stato naturale, più la loro energia rimane intatta. Una pianta raccolta ed essiccata da noi darà più soddisfazione rispetto a una pianta acquistata al supermercato. Nella pratica dell'Hoodoo non esiste un *manuale di istruzioni* uguale per tutti: i concetti e le filosofie dell'Hoodoo sono molteplici, così come sono numerosi coloro che la praticano. Le tradizioni variano a seconda degli insegnamenti ricevuti e dai libri studiati. L'unico ammonimento uguale per tutti è la *responsabilità personale*.

Così come nella quotidianità, anche nella pratica magica facciamo delle scelte e se non otteniamo il risultato desiderato o se sbagliamo qualche passaggio sta a noi creare un risultato diverso. Non c'è nessun altro da incolpare, nessun Universo o Loa che ha sbagliato e non ha capito il nostro intento. Siamo noi che dobbiamo avere la consapevolezza dei nostri desideri, delle nostre vittorie e fallimenti. Dobbiamo fare tutto il necessario per guarire ciò che possiamo, accettare e lasciare andare il nostro passato e lavorare per migliorare le nostre vite e quelle degli altri, nella logica del "se possiamo". Dobbiamo essere capaci di adattarci sempre, così come gli uomini e le donne africane, rialzarci, evolverci e superare gli ostacoli, onorando

i nostri Antenati. La capacità dell'Hoodoo di cambiare e adattarsi è una testimonianza della devozione e della perseveranza di coloro che hanno creduto di potercela fare.

Personalmente non sono d'accordo con i rootworker che rivendicano il diritto di praticare l'Hoodoo per linea genealogica. Molti sostengono che solo la discendenza storica diretta dall'Hoodoo può permettere il funzionamento dei rituali. Molti lavoratori delle radici cristiani insistono sul fatto che i pagani non hanno il diritto di avvicinarsi alle ricette e tecniche Hoodoo; tuttavia, ho riscontrato, per esperienza personale che non è così e che, semplicemente, può essere che alcune persone non siano dotate per questo lavoro, come la connessione con gli Spiriti e con l'energia delle piante e delle radici. Praticare Hoodoo significa ottenere risultati: positivi o negativi, ma comunque risultati che siano per sé e per i clienti. Se non otteniamo risvolti, non sensazioni, ma risultati effettivi, qualcosa non funziona e dobbiamo studiare di più, approfondire e comprendere l'errore.

L'Hoodoo serve a risolvere i problemi e gli ostacoli più disperati della vita. È magia che ha l'odore del rum, della terra, del sangue, del fumo di un buon sigaro.

È magia di strada che aiuta a far sparire i debiti, trovare l'amore, ferire e neutralizzare i nemici. L'Hoodoo è come un fantasma, nessun muro può ostacolarlo e va dove vuole. È la magia degli oppressi e pareggia i conti; tuttavia, un'altra regola importante è ricordare che ogni lavoro realizzato con l'Hoodoo deve essere giustificato con gli Spiriti. Non è possibile fare del male a qualcuno se questa persona in realtà non ci ha fatto nulla di male.

L'Hoodoo ha modi tutti suoi per *chiamare* una persona. Nonostante non sia una religione vera e propria, ma una pratica magica nera, è possibile sentire ripetutamente l'insistenza e la necessità di utilizzarlo per risolvere i problemi della vita. Si producono a mano i prodotti ricercando le ricette più naturali, si coltivano le erbe, si studiano le proprie radici e si raccolgono i materiali da utilizzare.

Il cliente poi potrà utilizzare i prodotti da voi creati oppure potrà procurarsi gli ingredienti da voi richiesti e farvi svolgere il lavoro magico per conto suo. Questo tipo di lavoro risale ai tempi dell'Hoodoo del Dr. Buzzard dove il sacerdote masticò una radice per un cliente per avere esito positivo in un caso giudiziario. Anche Marie C. Laveau, la regina del Voodoo, eseguiva i lavori per i clienti masticando le radici. Si dice che una sera abbia pregato per un cliente per ore tenendo in bocca tre peperoncini; infine, conclse il lavoro mettendo il composto vicino al cliente ed egli ottenne la libertà cercata.

Come detto in precedenza, l'Hoodoo utilizza ingredienti naturali di facile reperibilità. Nelle ricette e nella preparazione dei lavori, l'Hoodoo non fornisce la quantità: non esiste il "mezzo cucchiaino di questo" o "il quattro grammi di quest'altro". È il praticante che aggiunge la quantità di ogni ingrediente seguendo il suo istinto. Sempre nelle ricette, di solito viene inserito un elenco molto lungo di ingredienti che possono essere utilizzati in modo che il praticante possa sentirsi a suo agio e scegliere liberamente quelli che ha a portata di mano.

L'aceto dei Quattro Ladri, per esempio, allontana la negatività e purifica l'ambiente grazie all'utilizzo di pochi ingredienti. Ogni bottiglia in vetro contenente l'Aceto dei Quattro Ladri deve avere all'interno un pezzo di aglio. Oltre a questo, si aggiungono altri tre ingredienti scelti da un elenco di circa venti elementi, tra cui lavanda, ruta, noce moscata, canfora, verbena, menta, assenzio, rosmarino, salvia, chiodi di garofano. È proprio questa la bellezza dell'Hoodoo: la sua semplicità. Per l'aceto dei Quattro Ladri si consiglia l'utilizzo dell'aceto di mele e far macerare il tutto per circa quaranta giorni – ovviamente, in un contenitore che rimanga al chiuso e che non prenda umidità.

Oltre alla consapevolezza, l'Hoodoo insegna ad agire e creare il proprio cambiamento personale. Indipendentemente dalle circostanze, l'Hoodoo insegna a rifiutarsi di essere una vittima. Se un'altra persona vi aggredisce o vi ostacola, l'Hoodoo insegna ad agire perché non siete costretti a subire. È possibile sfruttare l'energia della natura, la connessione con le Divinità per infondere energia e determinazione al lavoro che andrete a fare.

L'assenza di cerimonia, apertura di cerchi magici, invocazioni elaborate, non diminuisce il potere dell'Hoodoo. La sua magia è viscerale e crea una forza che cambia positivamente la nostra vita. Molti rootworker aggiungono al lavoro i tarocchi o altri sistemi divinatori come oracoli per avere una guida prima di iniziare il procedimento. È possibile, dunque, evocare gli Antenati e chiedere un aiuto attraverso il messaggio dei tarocchi. Nel mio saggio, Guarda oltre ciò che vedi, insegno la pratica della tarologia attraverso gli Arcani maggiori e minori.

STRUMENTI HOODOO

Sacco della nazione/ natura Hoodoo

Uno dei maggiori lavori Hoodoo è il "sacco della nazione / natura". In realtà la definizione *sacco della nazione* è errata. La ragione di questo errore è data dalla funzione religiose protestante dove i ministri facevano passare tra i fedeli un "sacco delle donazioni" per le offerte. Per deridere i ministri, le prostitute dell'epoca legavano alla coscia un borsellino per contenere i loro guadagni, chiamandolo anch'esse "sacco delle donazioni". Il vero lavoro del sacco della natura è controllare la *natura* dell'uomo, cioè la sua capacità di sentirsi eccitato solo con la persona che amano. All'epoca, le donne lo facevano per impedire al loro compagno di avere intimità con altre donne. Il sacco della natura veniva legato dalla donna durante l'apice dell'atto sessuale stando attenta a non farsi scoprire.

POLVERE DI MATTONI ROSSI

Un'altra pratica famosa è l'uso della polvere di mattoni rossi che permette di creare confini protettivi. La polvere di mattoni rossi protegge la persona da pericoli ed eventuali attacchi magici, ma lo stesso effetto è possibile averlo tramite prodotti meno costosi come il sale marino o la cascarilla, gusci d'uovo finemente macinati. Per usare la polvere di mattoni, la cascarilla o il sale marino, bisogna spazzare bene l'ingresso della propria abitazione e, successivamente, spargere una linea di polvere da uno stipite all'altro.

L'IMPRONTA DEL PIEDE

Uno dei modi per lavorare facilmente su una persona è quello di utilizzare l'impronta o la traccia del piede. Se la persona lascia l'impronta a piedi nudi, tanto meglio.

La traccia del piede ha un potere enorme.

Una persona può lavorare con l'impronta così come si trova nella terra o può raccogliere la terra dell'impronta per utilizzarla in un altro luogo.

Per tenere qualcuno legato a voi, bisogna trovare un'impronta fatta mentre si allontana e piantare un chiodo arrugginito nel tallone dell'impronta.

Per maledire una persona, raccogliere con cura la terra che contiene l'impronta del suo piede e inserirla in un barattolo. Aggiungete al barattolo peperoncino in polvere, vetri rotti, chiodi arrugginiti, nidi di vespe o di piumini, urinateci dentro e scuotetelo con forza. Portate il barattolo il più lontano possibile da voi e seppellitelo in profondità nella terra in modo che non venga disturbato.

Un altro modo per maledire una persona usando un'impronta è quello di trovare la sua traccia e frustarla con una cintura, una frusta, una corda o un bastone, urlando minacce e dannazione mentre lo si fa.

Per sbarazzarsi di una persona, cospargete di polvere di chiodi di garofano i punti in cui sapete che camminerà, come ad esempio il gradino di casa. Questo metodo funziona bene per i vicini che creano disaccordo.

VASETTI DI MIELE

I vasetti di miele vengono utilizzati per addolcire la relazione tra due persone. Aiutano a riunire una coppia in difficoltà, unisce due persone che non hanno mai avuto una relazione o addolciscono quelle relazioni che non sono romantiche come, per esempio, l'unione tra un genitore e un figlio disobbediente o tra datore di lavoro e dipendente.

Nel vasetto vanno inseriti i simboli di ogni persona.

Possono essere nomi scritti, fotografie, ritagli di unghie o capelli, fluidi corporei o altri oggetti personali. L'importante che tutto sia perfettamente bilanciato e abbinato. Se si usano i ritagli di unghie di una persona, si devono usare i ritagli di unghie anche per l'altra. Se si usa la foto di una persona, si deve usare la foto anche dell'altra persona.

Una volta che gli oggetti sono stati messi nel vasetto, inzuppateli con miele o acqua zuccherata. La qualità del miele è irrilevante. Una volta che il vasetto è sigillato, bisogna scuoterlo in modo che tutto l'interno sia ricoperto. Successivamente bisogna posizionare il vasetto sull'area di lavoro e tagliare l'estremità di una candela in modo da trovare lo stoppino sul fondo. Accendere l'estremità della candela e lasciare che la cera che si scioglie si depositi sul coperchio, in modo da poter attaccare la candela con la cera che si indurisce. Bisogna lasciare che la candela si consumi, quindi seppellire il vasetto vicino alla porta di casa di una delle persone.

Per ostacolare una relazione tra due persone si può utilizzare lo stesso lavoro, fatto nello stesso modo, ma, al posto del miele, bisogna usare l'aceto o l'urina. Successivamente il vasetto deve essere seppellito in un posto lontano e non vicino all'abitazione della persona.

TERRA DEL CIMITERO

Sono consapevole che il termine terra del cimitero possa essere visto come un qualcosa di blasfemo; tuttavia, c'è un rapporto ancestrale che si costruisce con il tempo con gli spiriti dei morti e, in generale, del cimitero.

Se vi posizionate in fase di ascolto e meditate sul silenzio di quel luogo, sarà possibile udire la voce degli Spiriti che vi diranno quale sia o meno un comportamento gradito. Quando entrate in un cimitero per raccogliere la terra, bisogna ricordarsi che siete ospiti nella casa degli Spiriti. Essendo la casa di un morto bisogna onorare i suoi desideri, chiedendo il permesso prima di raccogliere la terra.

Se lo Spirito proprietario della tomba dove vogliamo prendere la terra ci darà il suo permesso, allora potremo raccoglierla; al contrario, ci sposteremo su un'altra.

Durante questo procedimento è consigliato soffermarsi ad ascoltare le storie degli Spiriti e a condividere del tempo con loro; ricordandoci di lasciare delle monete come pagamento per aver preso la terra, infilandole nella zona in cui abbiamo scavato. Diversi manuali Hoodoo incoraggiano l'uso della terra di una tomba di un bambino, in quanto rappresenta un'anima pura. Per esempio, sarebbe controproducente prendere la terra di un assassino se vogliamo utilizzarla per un lavoro che faccia del bene. La terra del cimitero promuove la pace, facilita la fine e incoraggia a liberarsi da ciò che non ci serve più.

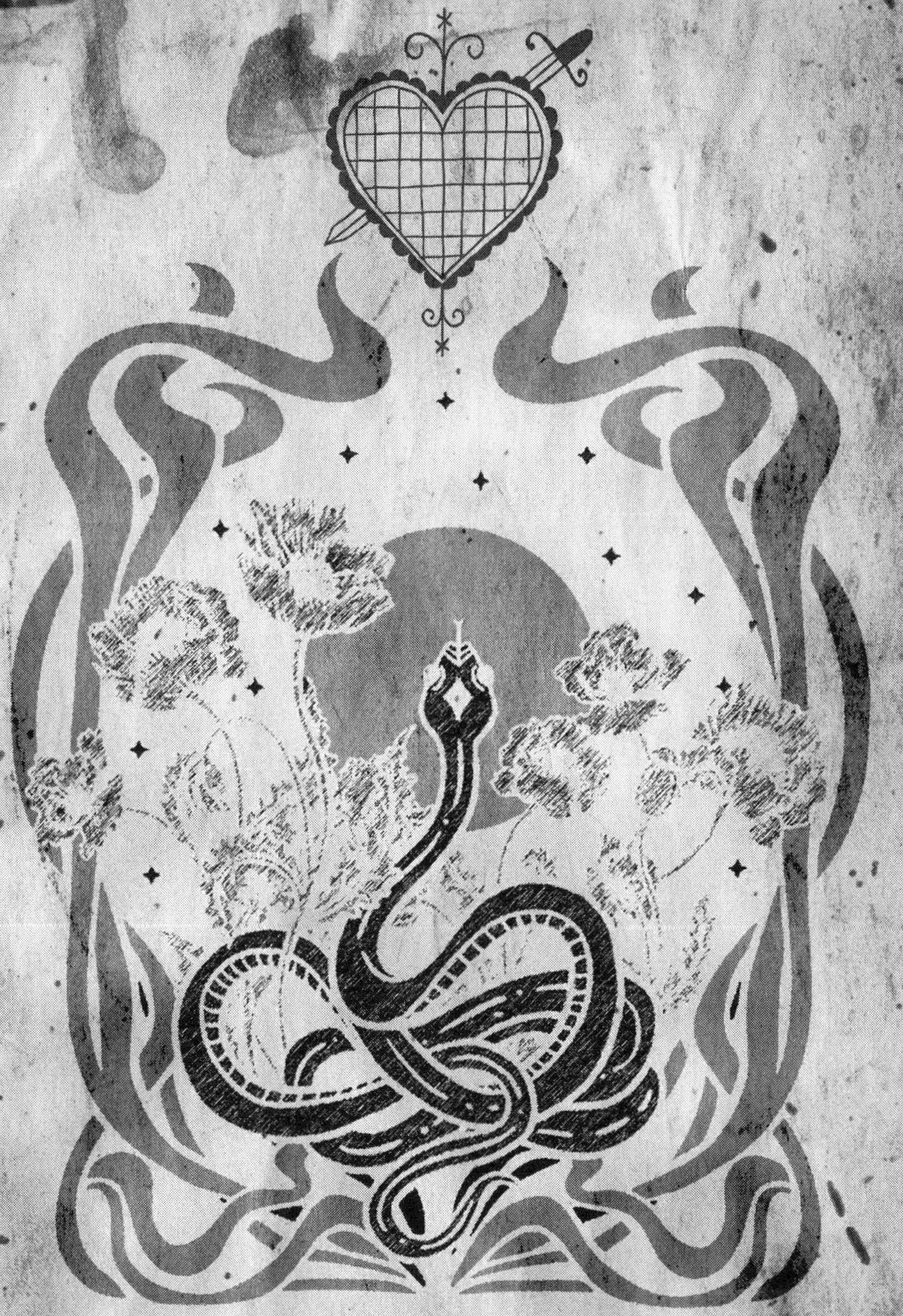

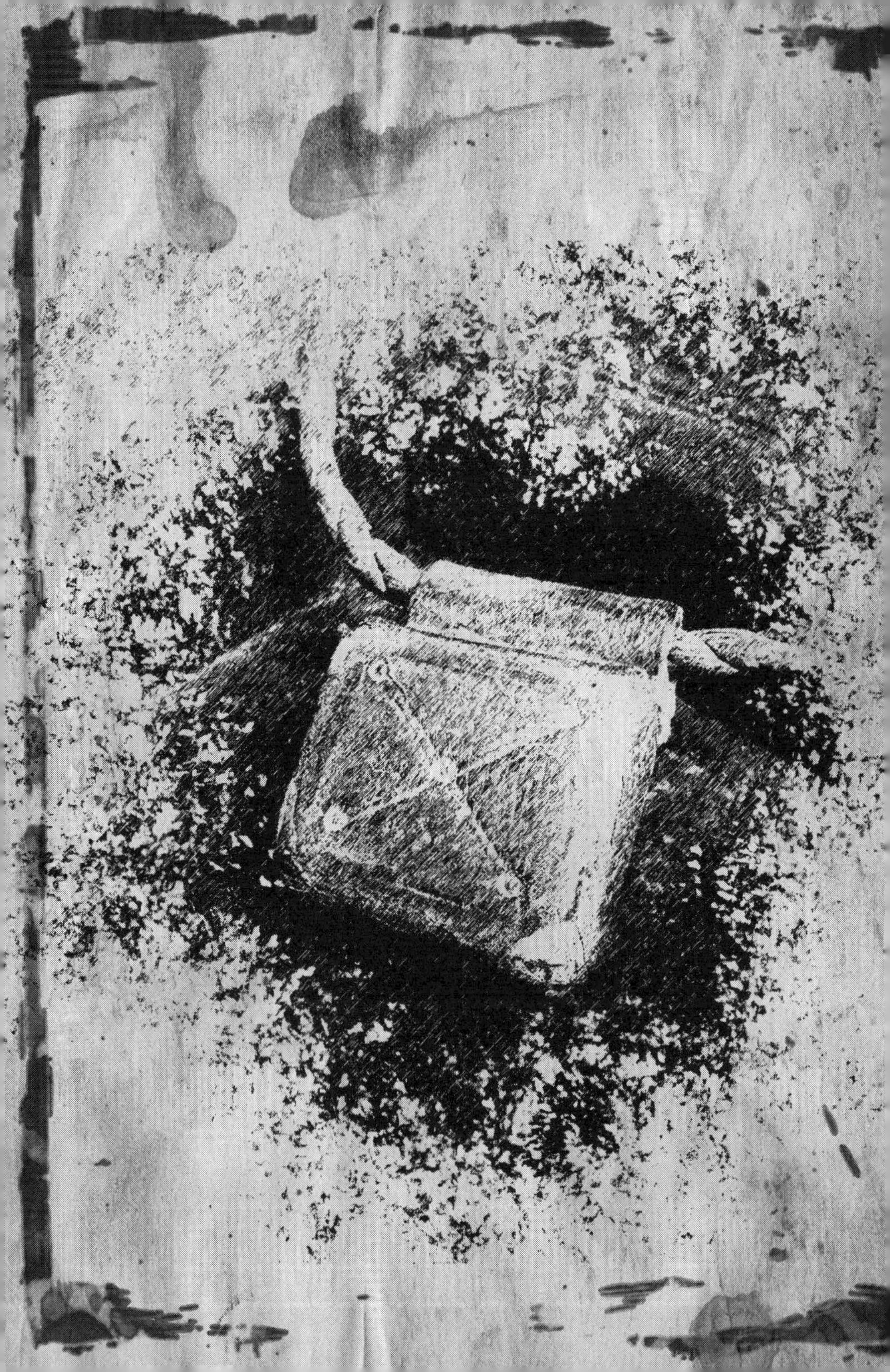

BORSE MEDICINA O GRIS GRIS

Le Mojo Bag sono in realtà chiamate borse medicina dai nativi americani e gris gris dai praticanti dell'Hoodoo di New Orleans. Queste borse sono molto più di una borsetta contenenti degli oggetti. Nell'Hoodoo vengono considerati veri e propri esseri viventi che aiutano i proprietari a portare a termine ciò per cui vengono realizzate. Questi sacchetti sono realizzati in flanella o cotone rosso o marrone e contengono sempre un numero dispari di elementi per mantenere l'energia in equilibrio.

Quando si crea un gris gris si inizia con un cristallo che conferisce l'energia che voglio donargli. La pietra deve essere vista come il cuore pulsante della magia. Successivamente, bisogna aggiungere le erbe o le radici che ci aiuteranno a portare a termine il lavoro. Bisogna aggiungere un pezzo di cotone, imbevuto di olio e, infine, legare il sacchetto con un nastro del colore giusto, aggiungendo come chiusura un ciondolo.

In caso il Sacchetto di medicina o gris gris venisse creato per un altro cliente è possibile legare il sacchetto allo scopo usando sulla persona lo stesso olio che abbiamo inserito nel cotone all'interno.

All'interno del sacchetto è possibile inserire altri ingredienti, ricordando che gli elementi devono avere il numero dispari.

Quando il sacchetto è pronto bisogna portarlo sempre con sé, indossandolo nel reggiseno, in una tasca o in borsa. Durante la notte il gris gris dovrà essere messo all'interno della federa del cuscino o appoggiato su un comodino. Due volte alla settimana, il sacchetto dovrà essere unto con l'olio utilizzato nel cotone.

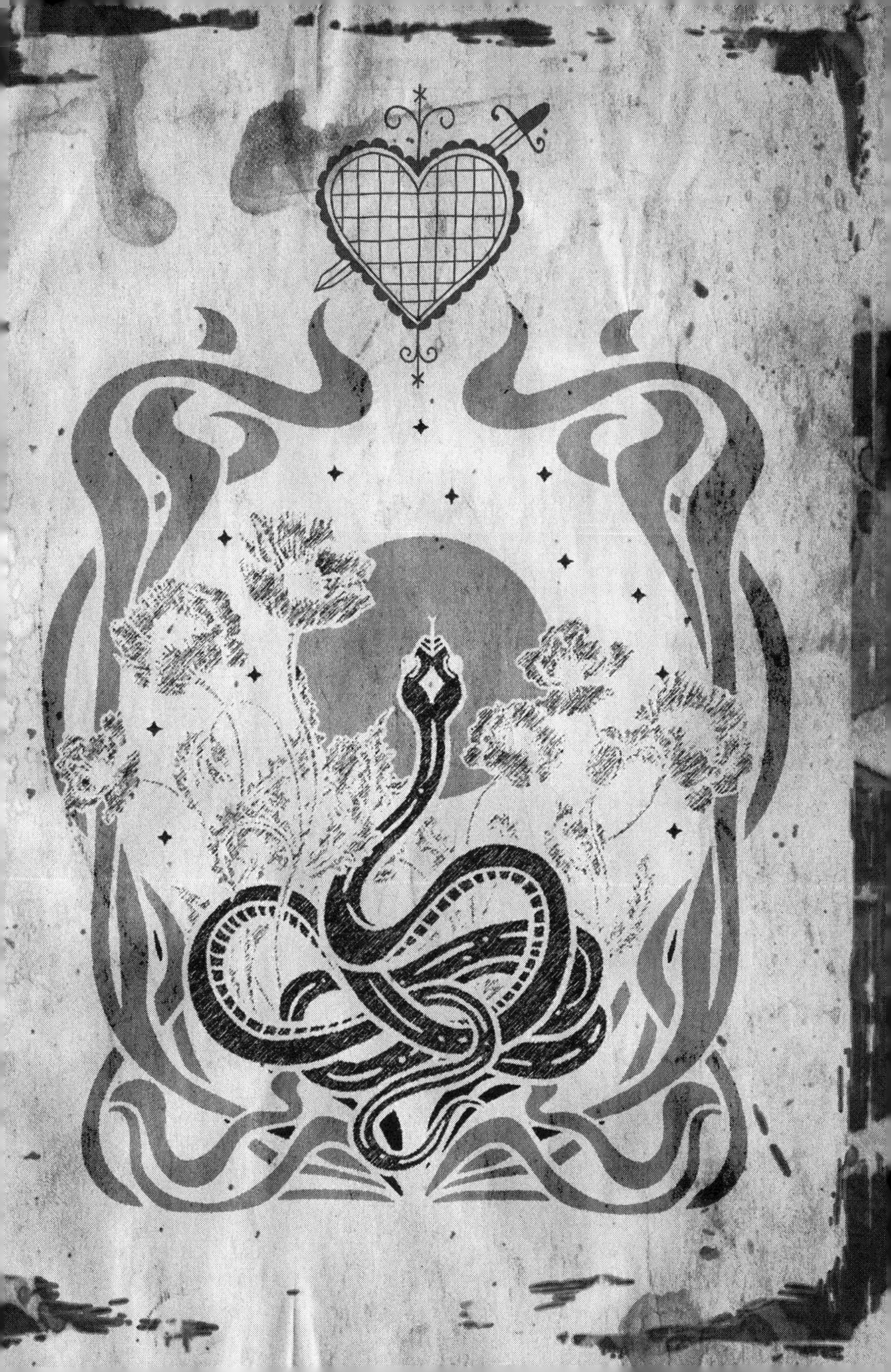

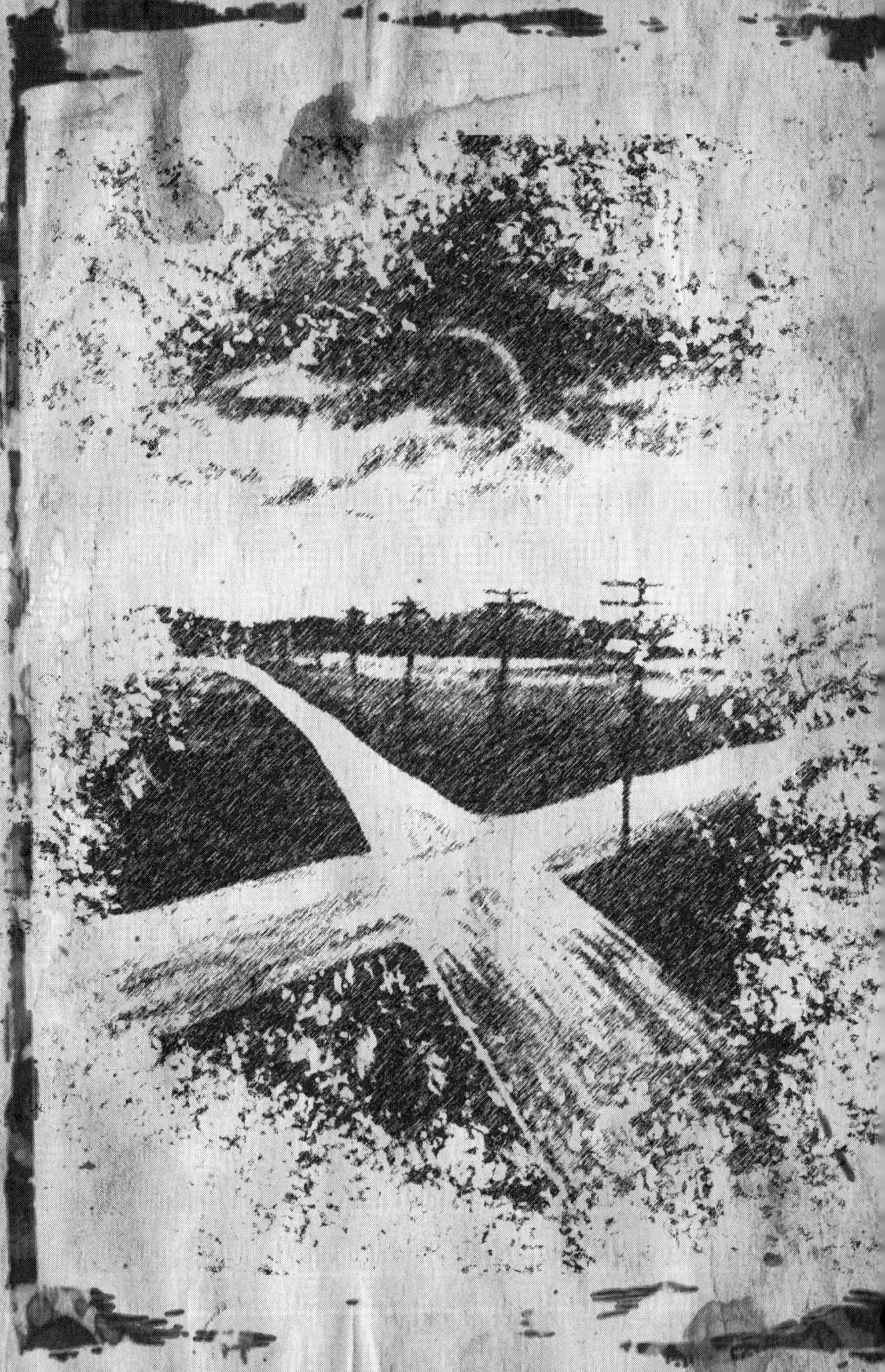

LA MAGIA DEGLI INCROCI

Nella pratica dell'Hoodoo, il crocevia è molto sacro. Nel Voodoo, Papa Legba, Loa mediatore tra Dio e l'umanità, appare spesso all'incrocio, in rappresentanza di ciò che custodisce. Un incrocio viene definito potente in quanto rappresenta due strade che si intersecano e, quando ci si trova su di esso, si è ovunque e da nessuna parte allo stesso tempo. In magia esistono diversi tipi di incroci: il primo, molto comune, è quando due strade si incrociano ed è un incrocio femminile. Il secondo, è un bivio in cui una strada si divide in due strade, ognuna delle quali conduce a un'altra direzione separata. Quest'ultimo è definito un incrocio maschile. Alcuni incantesimi richiedono la terra di un incrocio maschile, mentre altri possono richiedere un incrocio femminile. In caso il lavoro non lo specifichi, può essere utilizzata la terra a nostro piacimento.

Nell'Hoodoo si dice che lasciando un'offerta di ventuno centesimi e accendendo tre candele rosse, sempre su un incrocio, aspettando poi che tutte le candele si consumino, possa portare alla rimozione di ogni ostacolo dal nostro cammino.

Trovandosi su un crocevia è possibile parlare con i propri Antenati se si ha bisogno di un consiglio.

Gli incroci ricevono e smaltiscono i resti magici usati completati un lavoro; tranne per i lavori aggressivi. In quel caso, i resti devono essere seppelliti in un cimitero.

Se desideriamo aumentare le nostre abilità psichiche, possiamo esercitarci di notte su un crocevia per nove notti di fila. Bisogna portare una candela e rimanere sull'incrocio ogni notte finché la candela non si consuma. Non dobbiamo mostrare paura a nessun animale o persona che incontriamo durante la nostra pratica. Per l'Hoodoo chiunque o qualsiasi cosa arrivi fa parte del nostro processo di apprendimento.

Se non avete un incrocio nelle vicinanze dove poter lavorare in sicurezza, molti praticanti vendono la terra degli incroci, raccolta con cura ai quattro angoli e al centro di un incrocio.

Usando la terra degli incroci, è possibile tracciare un segno sul terreno o anche sul pavimento e creare un incrocio personale ovunque.

Se raccogliete e utilizzate la terra degli incroci, assicuratevi di identificare il genere dell'incrocio quando lo si memorizza.

La terra dei crocevia è ottima anche per prendere decisioni. Se non riuscite a capire quale sia la scelta migliore da fare, disponete la terra dell'incrocio in una croce equidistante e sedetevi nel punto in cui le linee si intersecano con uno dei bracci dell'incrocio alle vostre spalle. Recitate poi quanto segue: "Il passato è alle mie spalle. Alla mia sinistra, alla mia destra e davanti a me ci sono tutte le possibilità. Mostrami cosa devo fare". Infine, bisogna sedersi al crocevia finché il proprio spirito non dirà che è ora di alzarsi. Mentre siete lì, liberate la mente ed entrate in uno stato meditativo. Se vi viene un'intuizione, archiviatela per un esame futuro. Bisogna prestare molta attenzione ai segni e ai presagi che arriveranno nei giorni successivi al rituale.

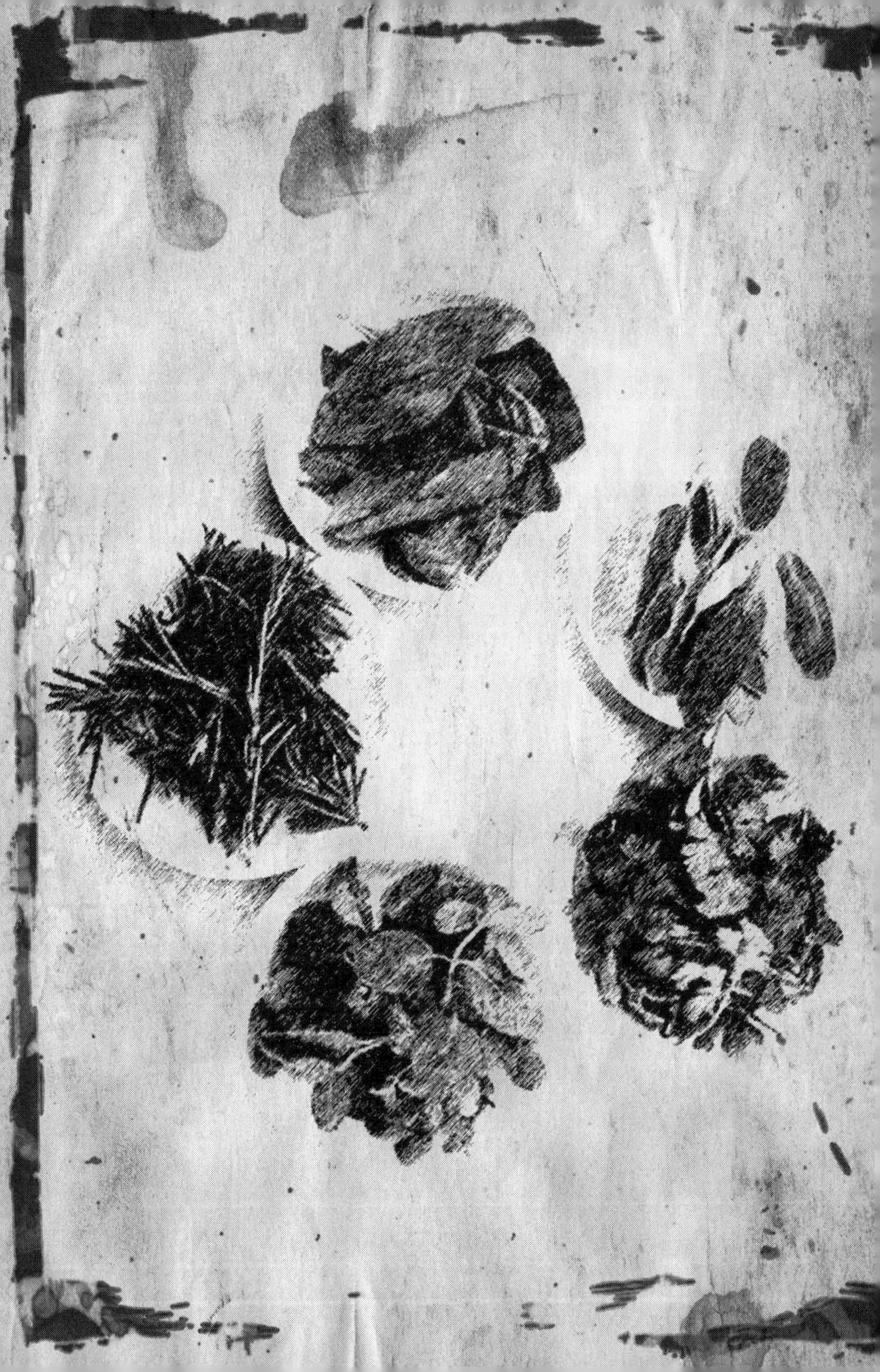

PROTEZIONE

Come elementi protettivi, l'Hoodoo utilizza il basilico e il rosmarino.

Appendere il basilico nei dintorni dell'ingresso della propria abitazione permette di tenere lontane persone con scopi malevoli nei nostri confronti. Piantare il rosmarino intorno alla nostra casa aiuta a proteggere i nostri animali.

Nella pratica magia Hoodoo si è notato che alcune erbe funzionano meglio se tagliate, mentre altre sono molto più efficaci se lasciate nel terreno.

Per esempio, il basilico e la menta hanno proprietà magiche più forti dopo essere state tagliate, mentre il rosmarino è al massimo della sua potenza quando è ancora nel terreno.

Come protezione personale è possibile portare con sé un ramo di un albero colpito da un fulmine. Se il ramo è troppo grande, è possibile trasformarlo in un bastone.

Portare il vischio in tasca aiuta ad allontanare i fulmini.

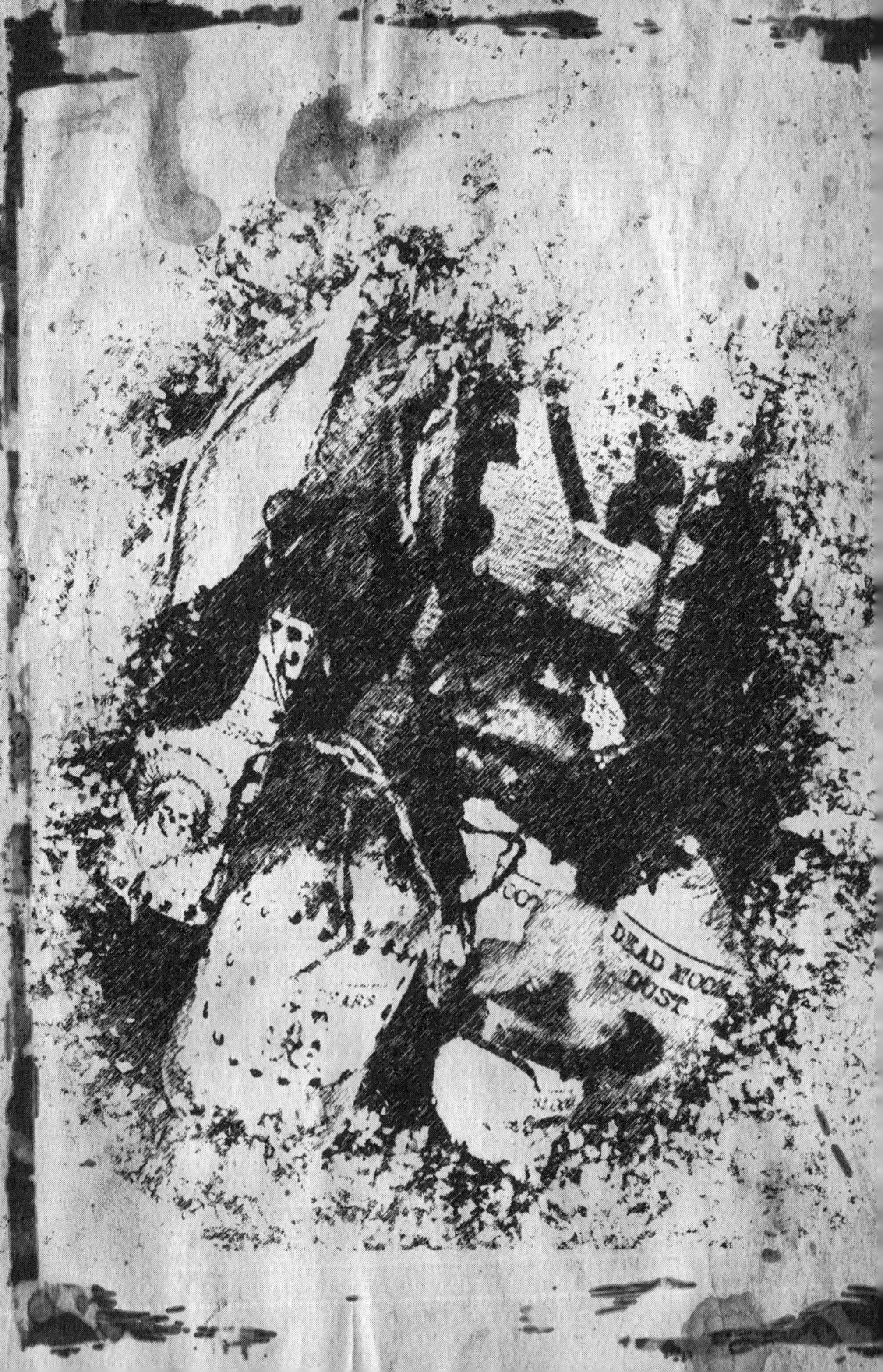
DEAD MOO
DUST

BOTTIGLIA PER LA PROTEZIONE

Le bottiglie di vetro dal colore blu respingono la negatività.

Per creare una bottiglia di protezione per il nostro ambiente, bisogna mettere in una bottiglia di vetro blu i seguenti elementi:

- i capelli di ogni persona che vive in casa
- la cenere del camino o dei resti vicino all'ingresso.

La bottiglia dovrà essere lasciato all'ingresso della propria abitazione o su un albero nel giardino di casa.

Il vetro colorato ha di per sé forti connotazioni magiche. Inserendo bottiglie di vari colori nei rami degli alberi, diventano un forte talismano per la casa.

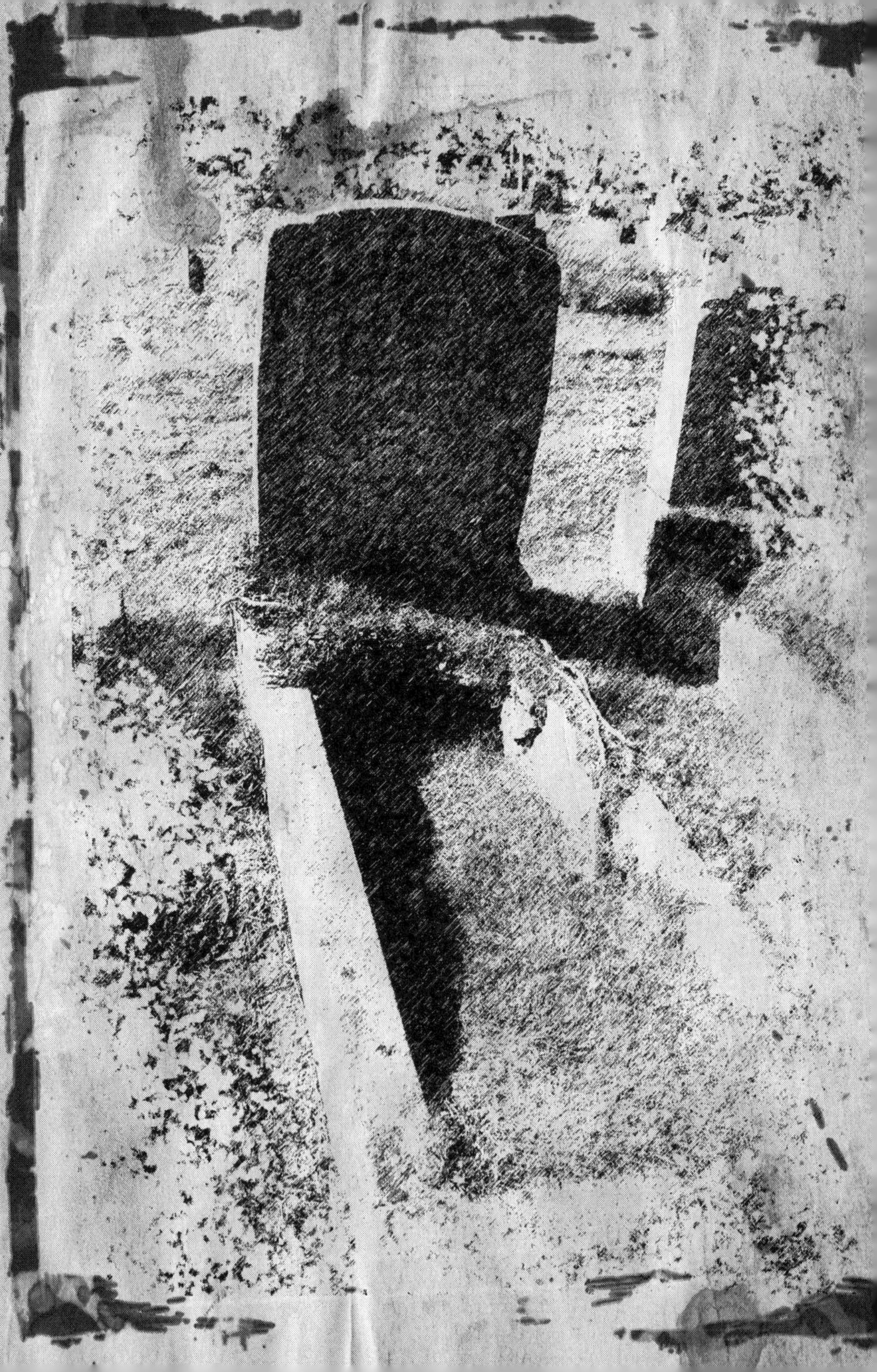

ELIMINARE MALEDIZIONI E FATTURE

Per rimuovere una maledizione o una fattura è sufficiente dormire una notte intera su una tomba appena scavata, soprattutto se è quella di un parente stretto.

Questo aumenta la protezione del defunto su di noi e le permette di trascinare la maledizione nella tomba per sempre.

Per allontanare una maledizione dalla nostra abitazione è possibile piantare un chiodo di bara arrugginito sullo stipite di una porta.

Il chiodo respingerà tutte le entità maligne e le fatture a noi inviate.

Nella pratica dell'Hoodoo un altro rito per allontanare il male è quello di toccarsi il lato del naso sinistro se vediamo qualcuno che ci fa il malocchio e recitare tre volte il Salmo 94 per allontanare il male che ci sta inviando:

> Dio che fai giustizia, o Signore,
> Dio che fai giustizia: mostrati!
> Alzati, giudice della terra,
> rendi la ricompensa ai superbi.

Fino a quando gli empi, Signore,
fino a quando gli empi trionferanno?
Sparleranno, diranno insolenze,
si vanteranno tutti i malfattori?
Signore, calpestano il tuo popolo,
opprimono la tua eredità.
Uccidono la vedova e il forestiero,
danno la morte agli orfani.
Dicono: «Il Signore non vede,
il Dio di Giacobbe non se ne cura».

Comprendete, insensati tra il popolo,
stolti, quando diventerete saggi?
Chi ha formato l'orecchio, forse non sente?
Chi ha plasmato l'occhio, forse non guarda?
Chi regge i popoli forse non castiga,
lui che insegna all'uomo il sapere?
Il Signore conosce i pensieri dell'uomo:
non sono che un soffio.
Beato l'uomo che tu istruisci, Signore,
e che ammaestri nella tua legge,
per dargli riposo nei giorni di sventura,
finché all'empio sia scavata la fossa.
Perché il Signore non respinge il suo popolo,
la sua eredità non la può abbandonare,
ma il giudizio si volgerà a giustizia,

la seguiranno tutti i retti di cuore.
Chi sorgerà per me contro i malvagi?
Chi starà con me contro i malfattori?
Se il Signore non fosse il mio aiuto,
in breve, io abiterei nel regno del silenzio.
Quando dicevo: «Il mio piede vacilla»,
la tua grazia, Signore, mi ha sostenuto.
Quand'ero oppresso dall'angoscia,
il tuo conforto mi ha consolato.
Può essere tuo alleato un tribunale iniquo,
che fa angherie contro la legge?
Si avventano contro la vita del giusto,
e condannano il sangue innocente.
Ma il Signore è la mia difesa,
roccia del mio rifugio è il mio Dio;
egli ritorcerà contro di essi la loro malizia,
per la loro perfidia li farà perire,
li farà perire il Signore, nostro Dio.

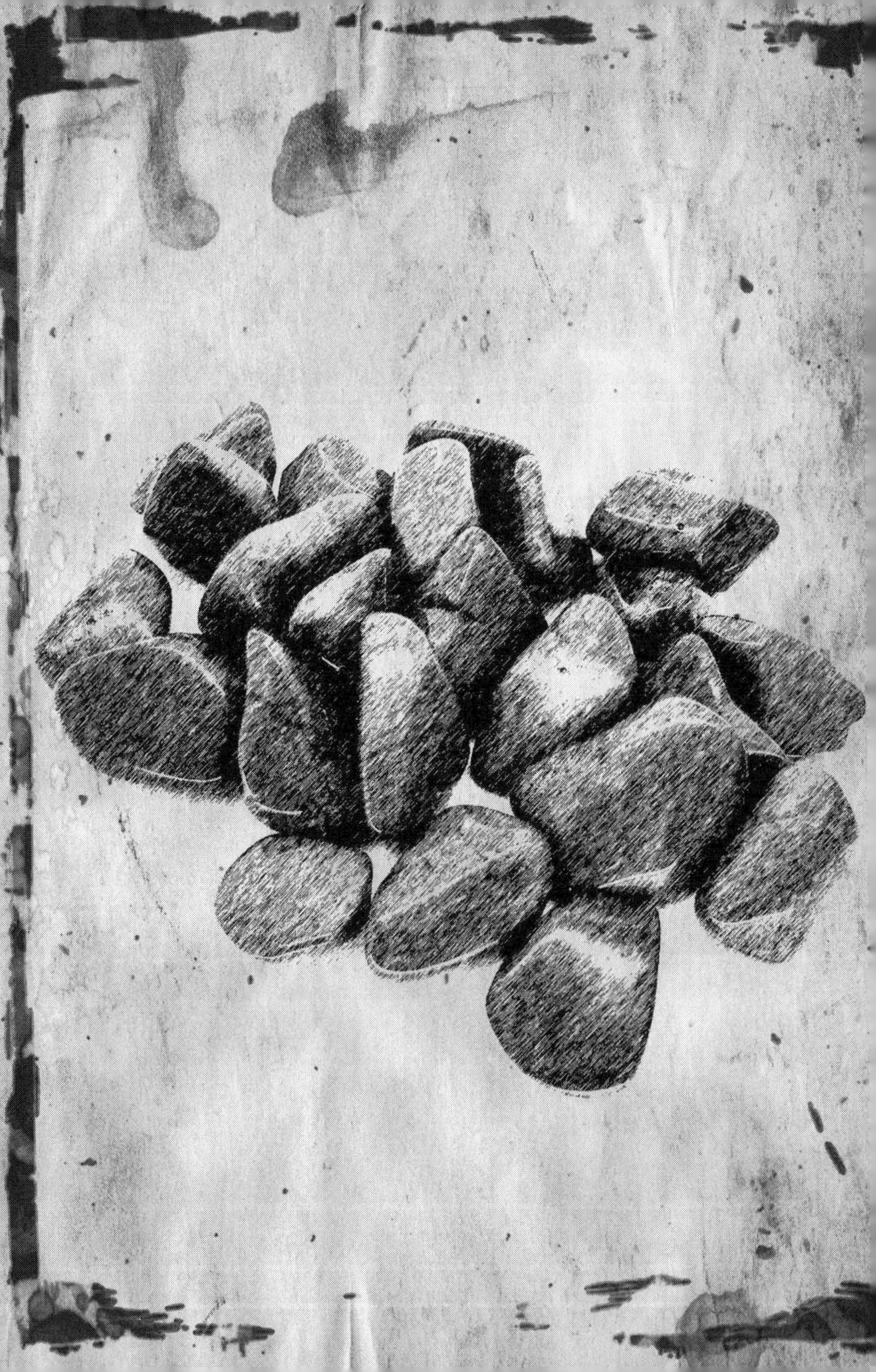

PER AVER MAGGIORE SALUTE

Per evitare che la gravidanza venga interrotta, nella pratica dell'Hoodoo viene consigliato di portare con sé un diaspro sanguigno o utilizzare un gris gris per proteggere la donna e il feto durante tutta la gravidanza.

All'interno del sacchetto dovrà essere inserito un piccolo diaspro sanguigno che ridurrà le emorragie e previene l'aborto. Inserendo anche una ciocca di capelli della madre favorirà la buona salute e la protezione del nascituro.

Nella pratica dell'Hoodoo, alla nascita del bambino si dava un assaggio della cenere del camino della propria abitazione per prevenire la morte in culla. La cenere del focolare erano sacre e durante l'inverno portava sfortuna che il fuoco si spegnesse.

Mettere un po' di cenere del focolare sulla lingua del neonato gli garantiva la continuità della vita e protezione.

Se sentite un raffreddore in arrivo, affettate una cipolla e usate delle strisce di lino pulite per legare le fette alla pianta dei piedi nudi durante la notte. La cipolla farà uscire il freddo dal corpo attraverso i piedi mentre dormite.

Per curare una verruca, prelevate una goccia di sangue dalla verruca e mettetela su un chicco di mais. Date il grano in pasto a una gallina nera e la verruca sparirà.

Seppellite i vostri capelli tagliati sotto una pietra in un cimitero per curare il mal di testa. Come una maledizione, gli Spiriti del cimitero trascineranno il dolore alla testa nella tomba con loro, per poi scaricarlo nella terra e non tormentarvi più.

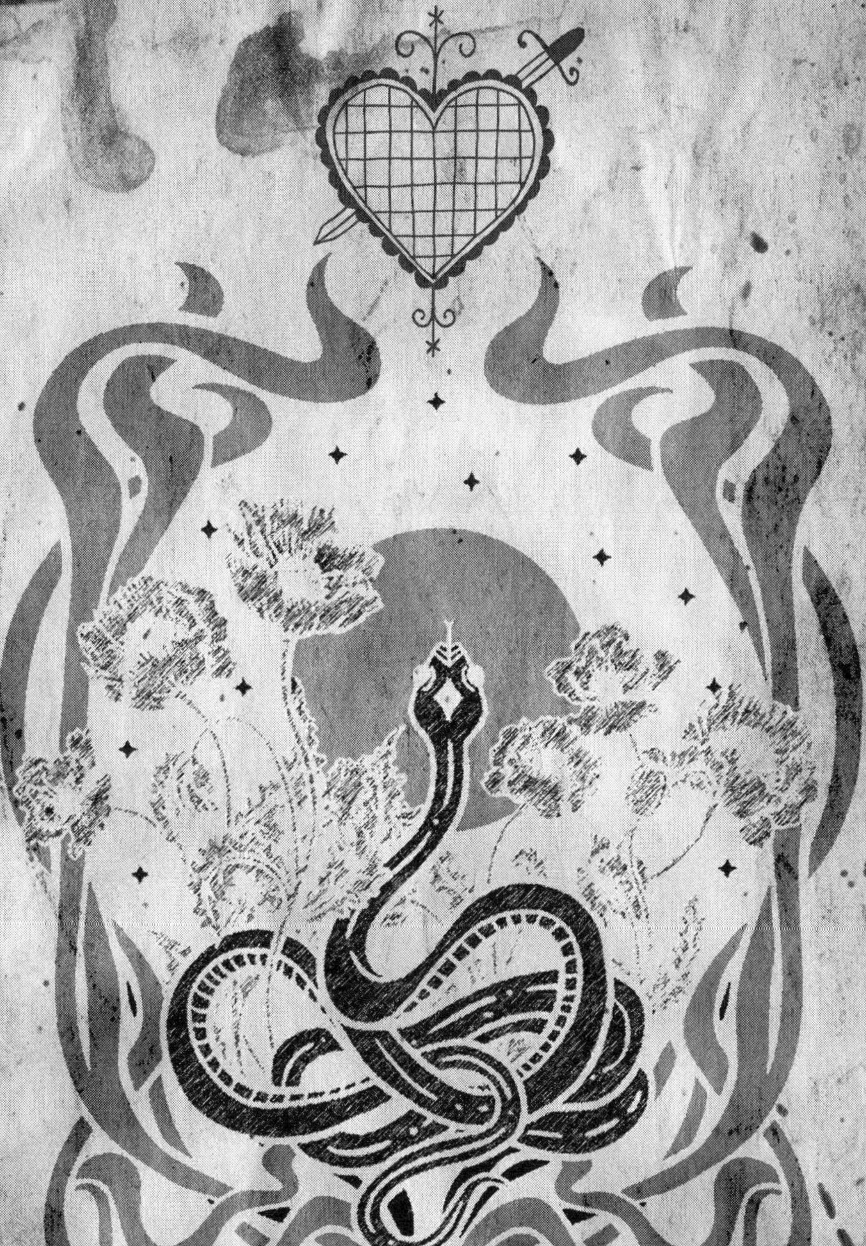

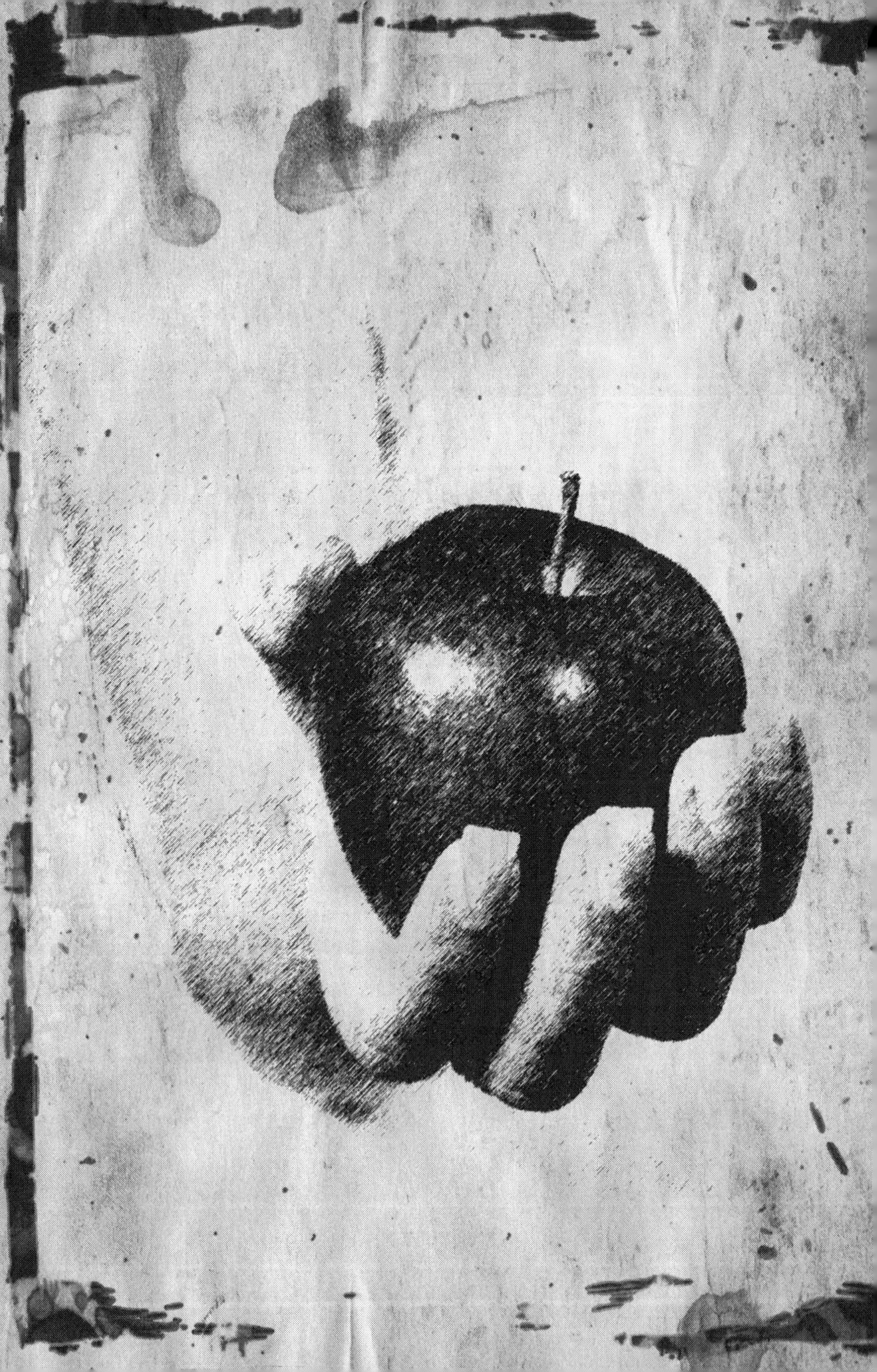

MATRIMONIO

Attorcigliate il picciolo di una mela mentre recitate l'alfabeto.

La lettera che pronunciate quando il picciolo si stacca è la prima lettera del nome del vostro futuro coniuge.

Gettare un sacchetto di cotone riempito di basilico e rosmarino nel fuoco del focolare porterà felicità in tutta la casa.

Mettere un rametto di rosmarino fresco sotto il cuscino del vostro partner eviterà che si allontani.

Il giorno dopo bruciate il rosmarino e sostituitelo con un nuovo rametto. Procedete così per nove giorni di seguito.

Lo stesso incantesimo può funzionare anche sulle donne, se al posto del rosmarino si usa l'artemisia.

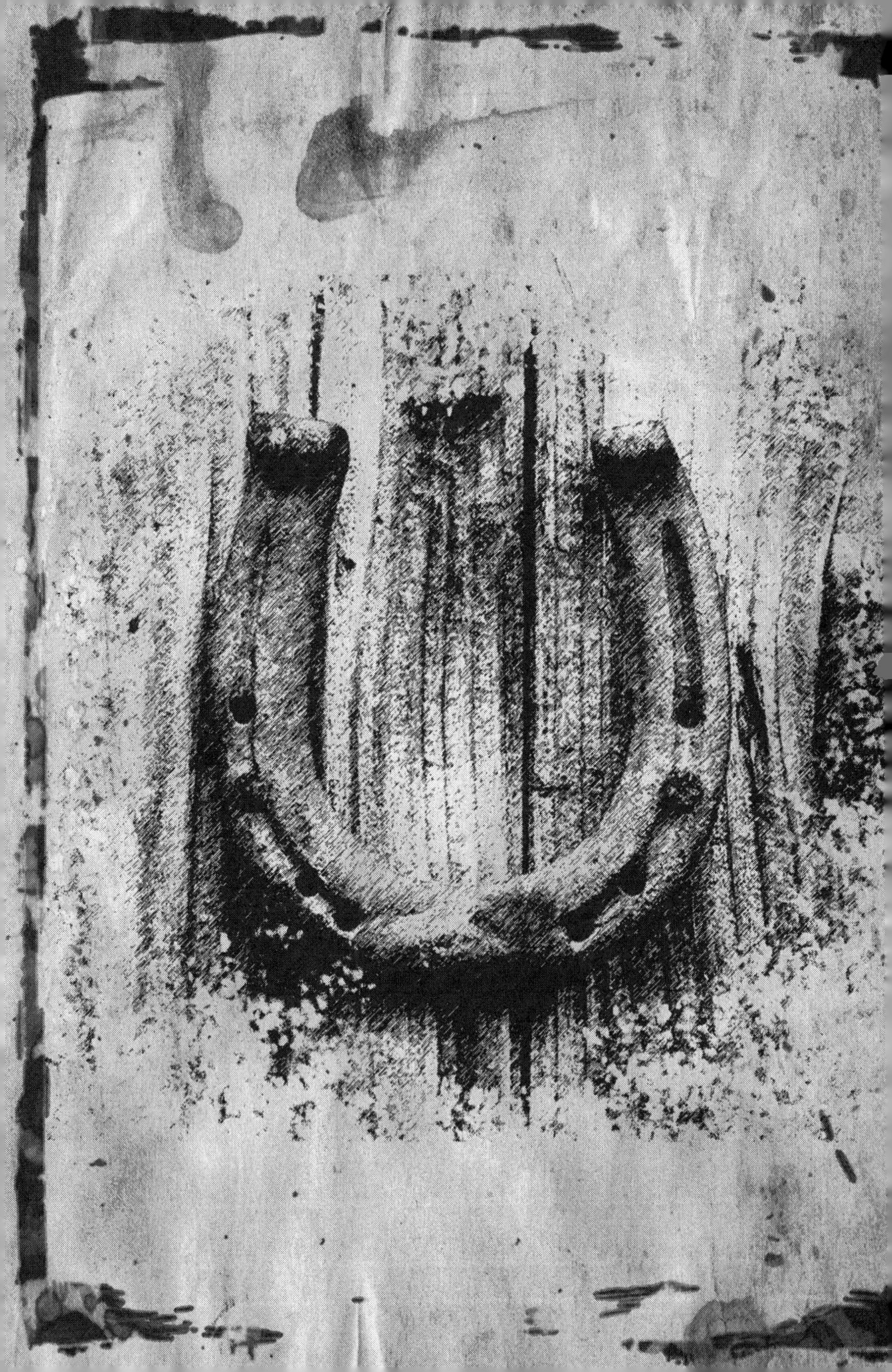

PER AVERE FORTUNA

Per avere fortuna inserire un ferro di cavallo sopra l'ingresso della propria abitazione. La U deve essere rivolta verso l'alto per evitare che la fortuna finisca. Il ferro protegge dalle entità aggressive.

Portare con sé una zampa di coniglio è un talismano per propiziare la fortuna, ma non deve essere una zampa qualsiasi. Deve essere una zampa posteriore sinistra e si deve uccidere il coniglio in un cimitero, sopra una tomba, di venerdì, a meno che non piova.

Se in quel momento piove, bisogna farlo di sabato.

Inoltre, l'uccisione del coniglio deve avvenire entro un giorno dalla luna nuova.

Trovare una spilla d'argento per terra aumenterà la propria fortuna se la si raccoglie e la si porta con sé.

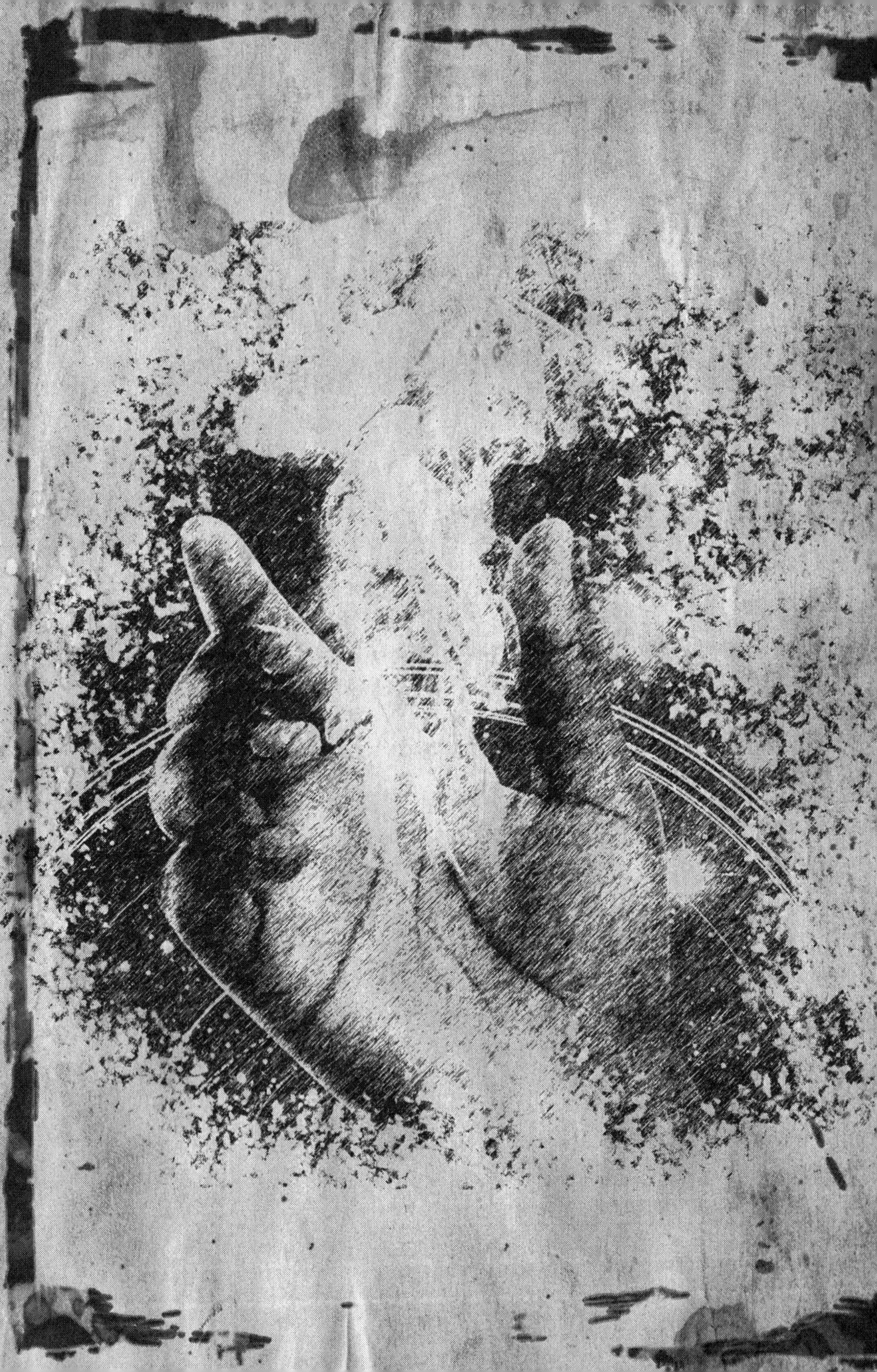

DIVINAZIONE E PRESAGI

Nella pratica dell'Hoodoo se la mano sinistra prude, si perde denaro. Se la mano destra prude, invece, si guadagnano soldi.

Se un merlo si posa sul tetto, il messaggio non sarà positivo e arriveranno cattive notizie entro quindici giorni.

Se il fumo sale direttamente da un camino, il tempo si schiarirà presto, se è piovoso, nebbioso o nevoso. Se il fumo rimane vicino al tetto, la notte successiva pioverà o nevicherà, a meno che non ci siano uccelli che volino intorno. Se il fumo torna verso il camino, il tempo cambierà rispetto a quello che c'è in quel momento.

La divinazione con l'uovo dona la possibilità di capire se qualcuno è afflitto da malocchio.

L'uovo intero dovrà essere passato su tutto il corpo della persona che si pensa inflitta e, dopo aver completato la pulizia, l'uovo viene rotto in un barattolo di vetro e letto come un oracolo. Se la persona sarà afflitta da malocchio, il contenuto dell'uovo sarà nero, rosso come il sangue o putrefatto.

I tè preparati con fiori, erbe e radici sono una componente primaria del processo di guarigione e divinazione. Valeriana, ruta, borragine, camomilla, aglio, rosmarino, canapa, fiori d'arancio, salvia e altre erbe possono essere utilizzate come elementi per la divinazione con i fumi dell'incenso.

Come già detto precedentemente, come strumento utile per la divinazione possono essere utilizzati gli Arcani dei tarocchi o gli oracoli per ottenere informazioni sul cliente, sulla sua condizione e sul nemico.

Un'altra forma di divinazione spesso utilizzata è l'uso della Bibbia e della fumigazione con la salvia. livello di fumo della salvia. Il rootworker si unge, di solito sulle tempie e sui palmi, con un olio che favorisce la profezia o la consapevolezza psichica.

Si mette in contatto con gli Spiriti o le guide ancestrali che lo assistono e chiude gli occhi tenendo in mano il libro e concentrandosi sulla domanda.

Senza aprire le palpebre, passano le mani sul volume, sulla copertina, sul dorso e sulle pagine chiuse.

Poi muovono delicatamente le dita sulle pagine fino a sentire uno strattone o un'attrazione verso un determinato punto.

Sempre senza guardare, aprono la Bibbia in quell'area e appoggiano le mani sulle pagine.

Poi fanno scorrere le mani sulle pagine fino a trovare il passaggio che attira le loro dita.

Appoggiano il dito su quel passaggio, poi aprono gli occhi per leggere le parole selezionate, che contengono un messaggio per loro relativo alla domanda che hanno posto.

Un altro tipo di divinazione consiste nel leggere la cenere di un sigaro o di una sigaretta fumata dal rootworker, notando che forma assume la cenere quando cade.

Si tratta di un metodo simile alla lettura delle foglie di tè.

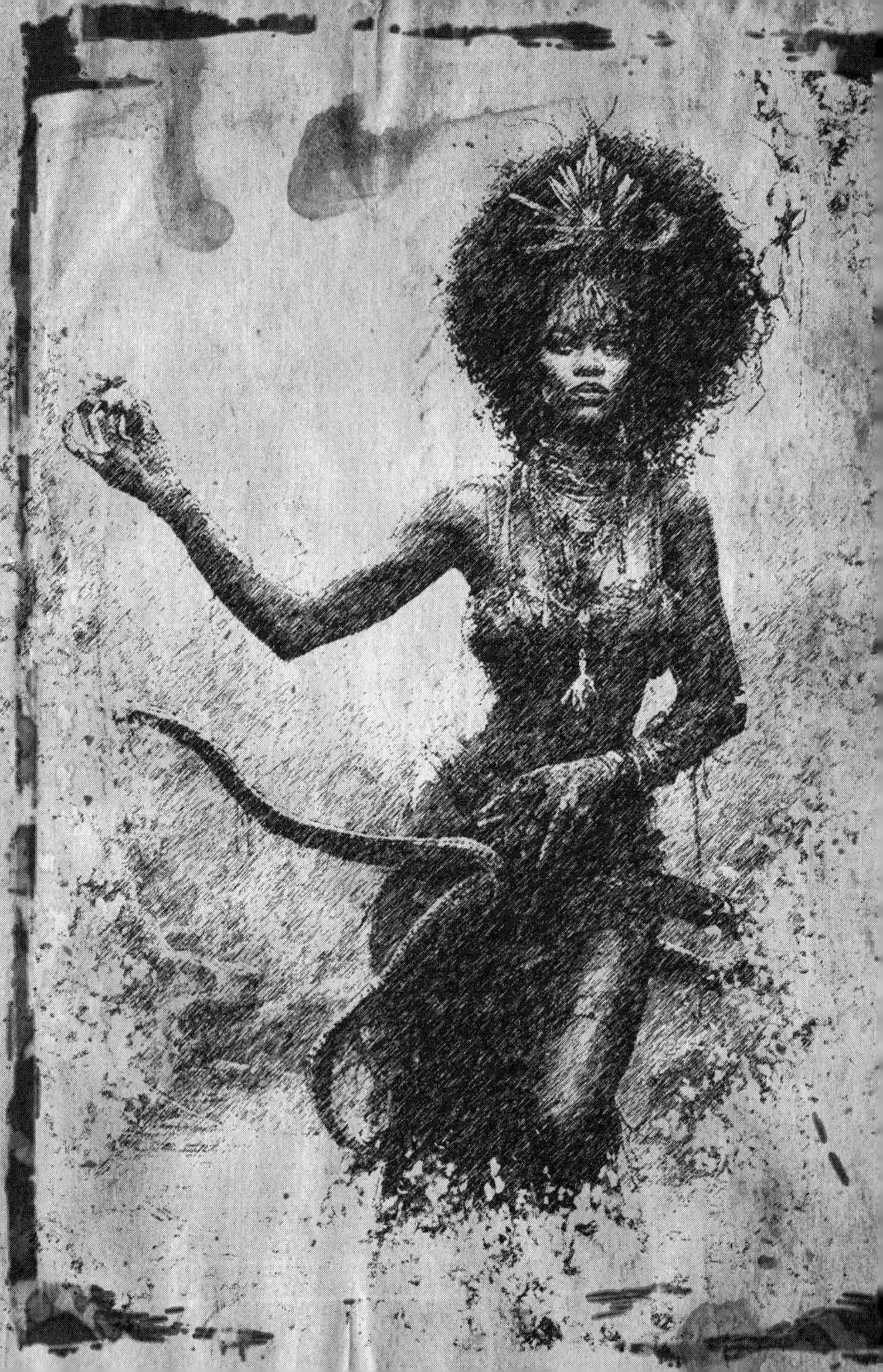

LAVORARE CON LE ENERGIE E LE VISIONI

I rootworker credono che ogni persona, animale e oggetto emetta le proprie vibrazioni, che sono in continuo mutamento poiché la persona, l'animale o l'oggetto assorbono le vibrazioni dalle influenze dell'ambiente. Questo crea un flusso di energia in continuo movimento tra tutte le cose e, soprattutto, crea un campo di lavoro per il rootworker.

Le influenze energetiche possono essere positive o negative, a seconda dell'ambiente e dell'energia stessa della persona, dell'animale o dell'oggetto.

Le energie di animali e oggetti, come pietre e cristalli, possono modificare l'energia delle persone e aiutare il processo di guarigione.

Gli oggetti materiali, come i cristalli, possono alterare le forze corporee che causano malattie portandole al benessere psico-fisico.

La trance e le visioni aiutano il rootworker a entrare in comunione con gli Spiriti, gli Antenati e i Loa, oltre che a canalizzare la saggezza dell'altra parte.

Viene utilizzata una combinazione di trance e visioni per diagnosticare, curare e prevedere. Per esempio, è possibile scoprire se qualcuno ha maledetto qualcun altro e guarire la vittima punendo il colpevole.

L'energia tornerà al mittente e permetterà alla persona di guarire completamente.

Un attacco magico inviato da un'altra persona può provocare sintomi fisici come orticaria, bolle, malattie, e sociali come sfortuna, conflitti con il partner, problemi di lavoro o altre forme di sfortuna prolungata o psicologici come incubi, attacchi di panico, depressione, paranoia o altre forme di esaurimento mentale.

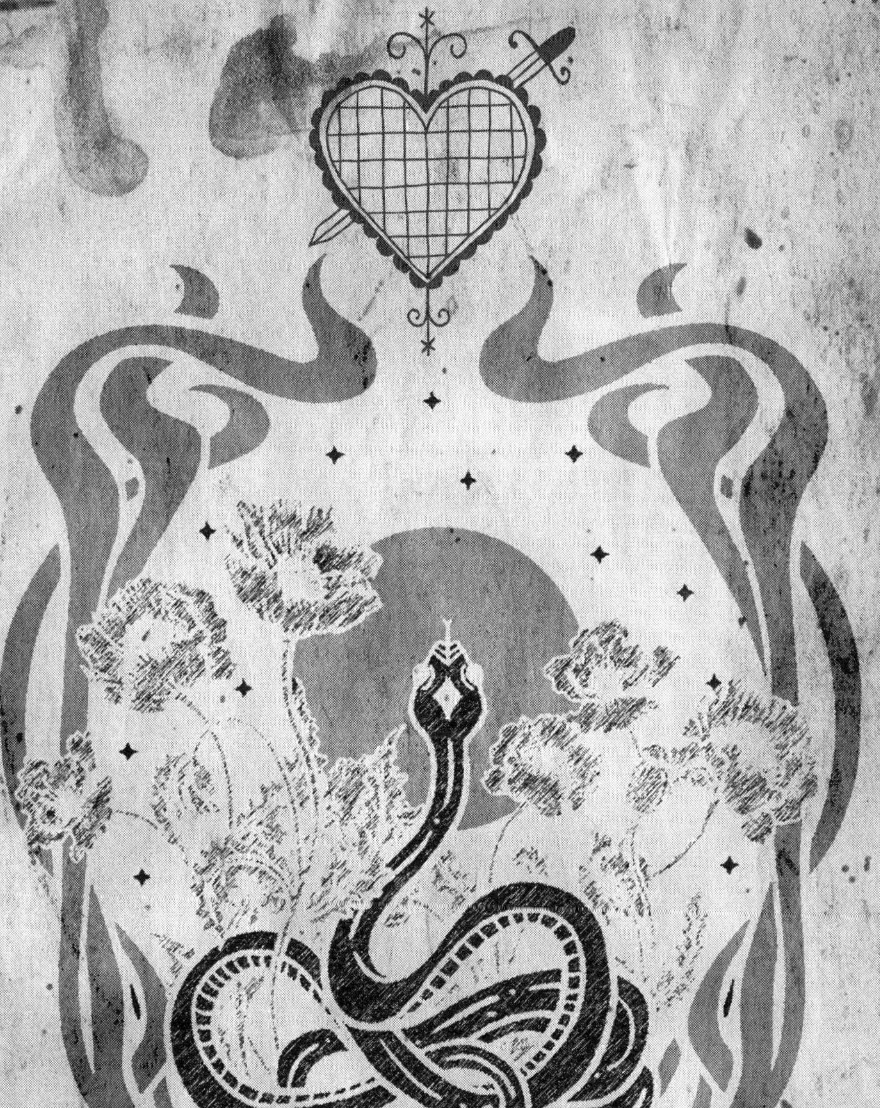

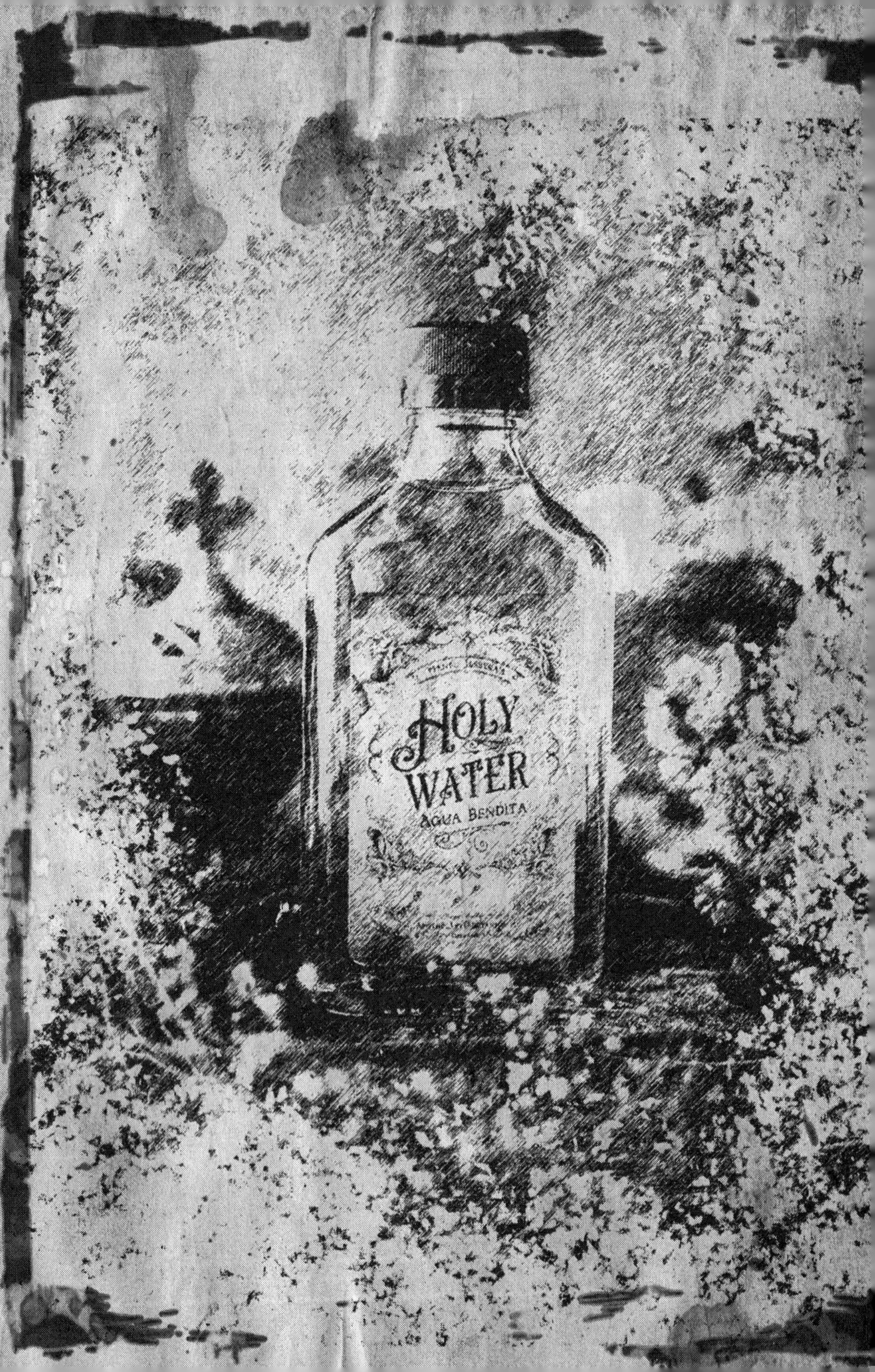
HOLY
WATER
AGUA BENDITA

ACQUA SANTA

L'acqua santa è un collegamento diretto tra lo Spirito e il Divino, nonché un mezzo per ricongiungere uno spirito errante al corpo a cui appartiene.

L'acqua benedetta si ottiene dall'acqua piovana raccolta e curata in un recipiente di rame. Nella ciotola d'acqua viene posto un bastoncino di Palo Santo. Successivamente, viene esposta alla luce del sole per raccogliere le energie della luce.

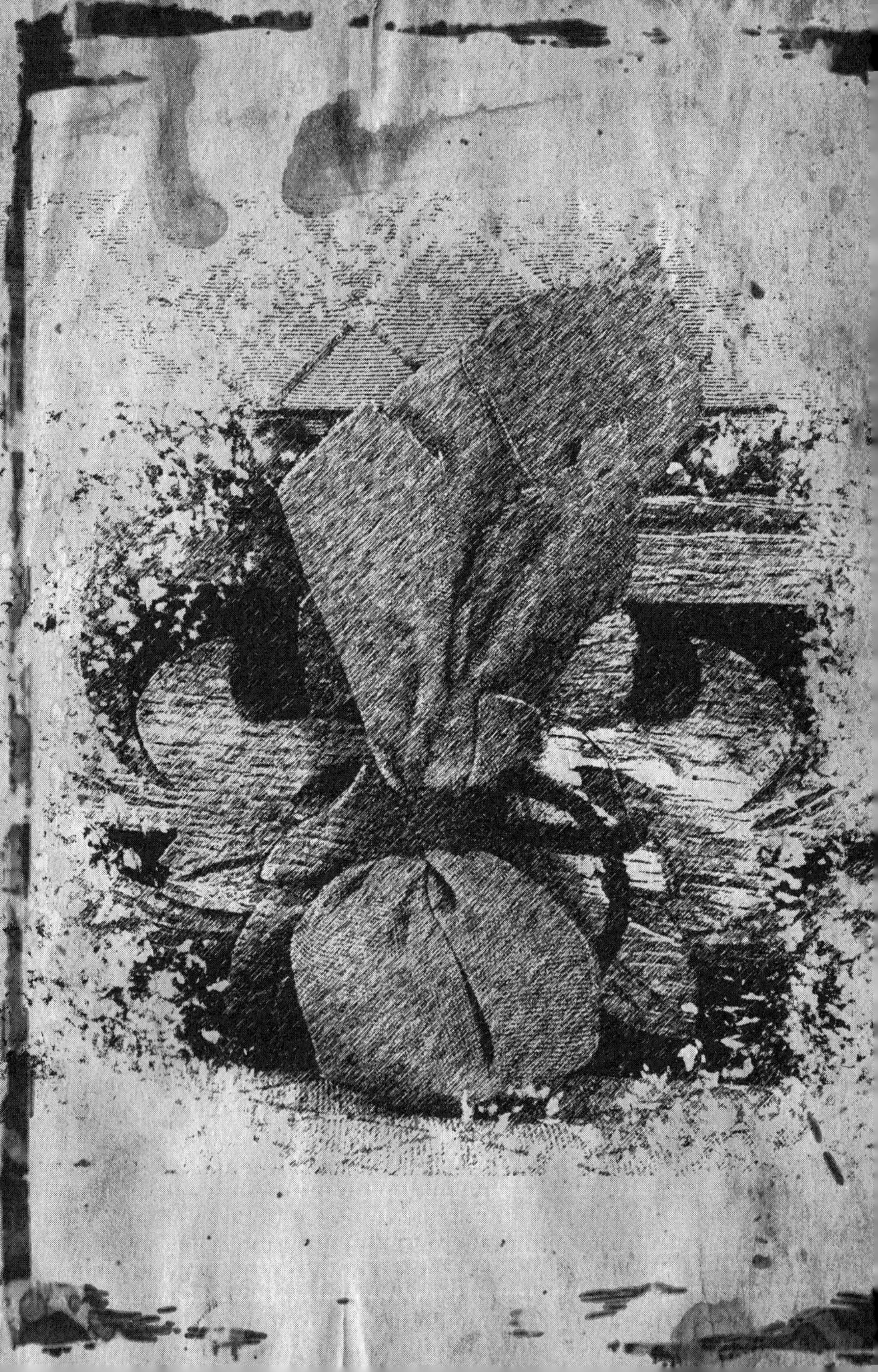

GRIS GRIS PER ABBONDANZA ECONOMICA, VINCERE CAUSE GIUDIZIARIE

Questa ricetta utilizza la radice di John il Conquistatore, che prende il nome da uno schiavo leggendario che dimostrò notevole coraggio e forza di fronte agli avversari.

Utilizzare della flanella verde per la creazione del sacchetto.

8 chiodi di garofano interi

8 grandi di pepe della Giamaica o pimento interi

1 piuma di pappagallo

1 tazza di polvere di radice di John il Conquistarore

1 pietra caricata

1 noce moscata intera

1 tazza di fiori di camomilla o 4 gocce di olio essenziale di camomilla

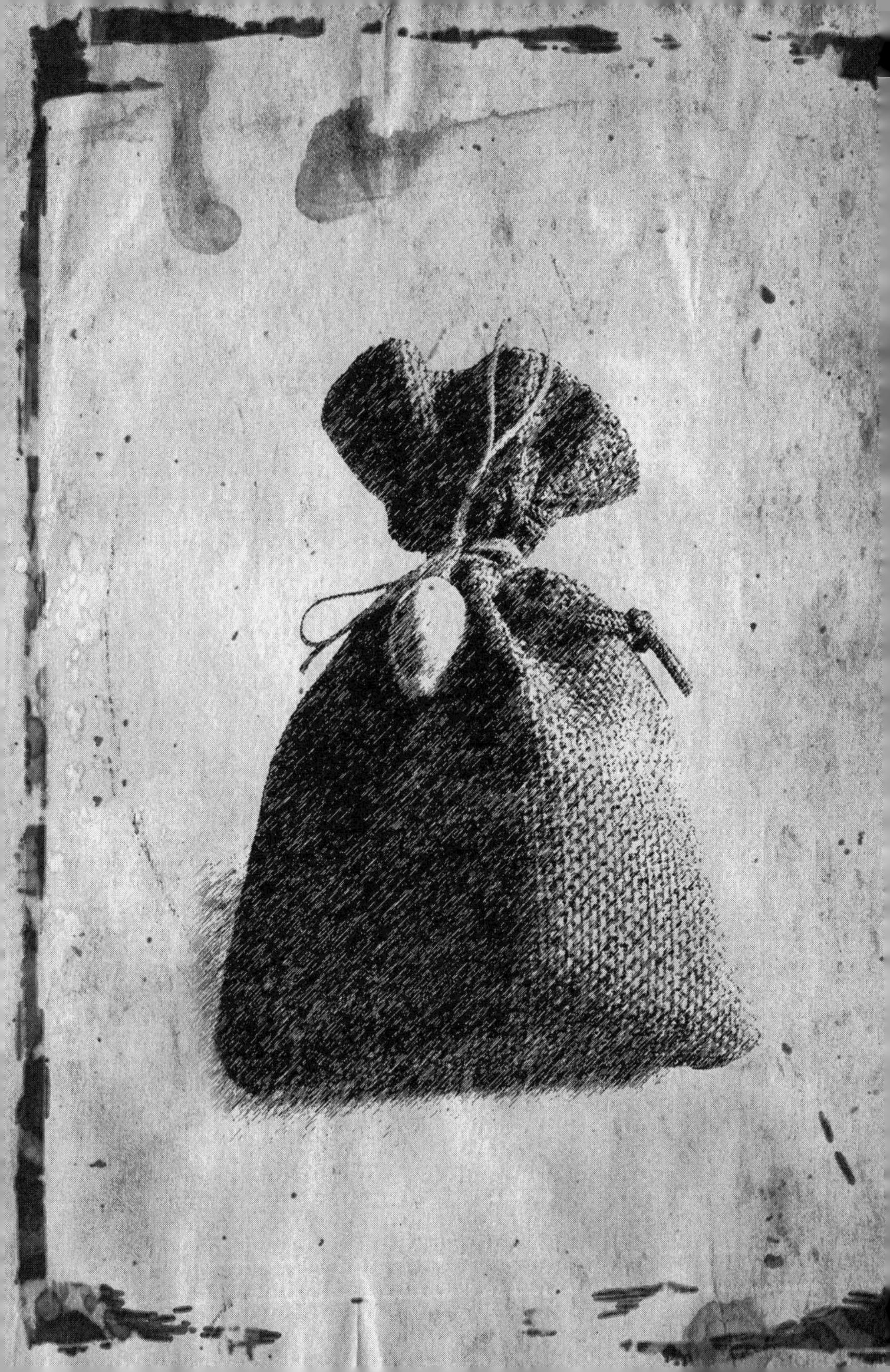

GRIS GRIS PER ATTIRARE L'ATTENZIONE SU DI SÈ

È ottimo per i colloqui di lavoro, per gli appuntamenti in pubblico e per superare i concorsi.

Utilizzare della flanella gialla o arancione per la creazione del sacchetto.

1 limone intero essiccato

1 pizzico di verbena

1 piccolo cristallo citrino carico

2 fiori secchi di calendula

1 pietra maschile

1 pietra femminile

Per le pietre seguite il vostro istinto. Sentite la pietra o il cristallo che si identificheranno come maschili o femminili.

Mettere il limone, la verbena, il cristallo, le pietre e la calendula nel sacchetto di flanella.

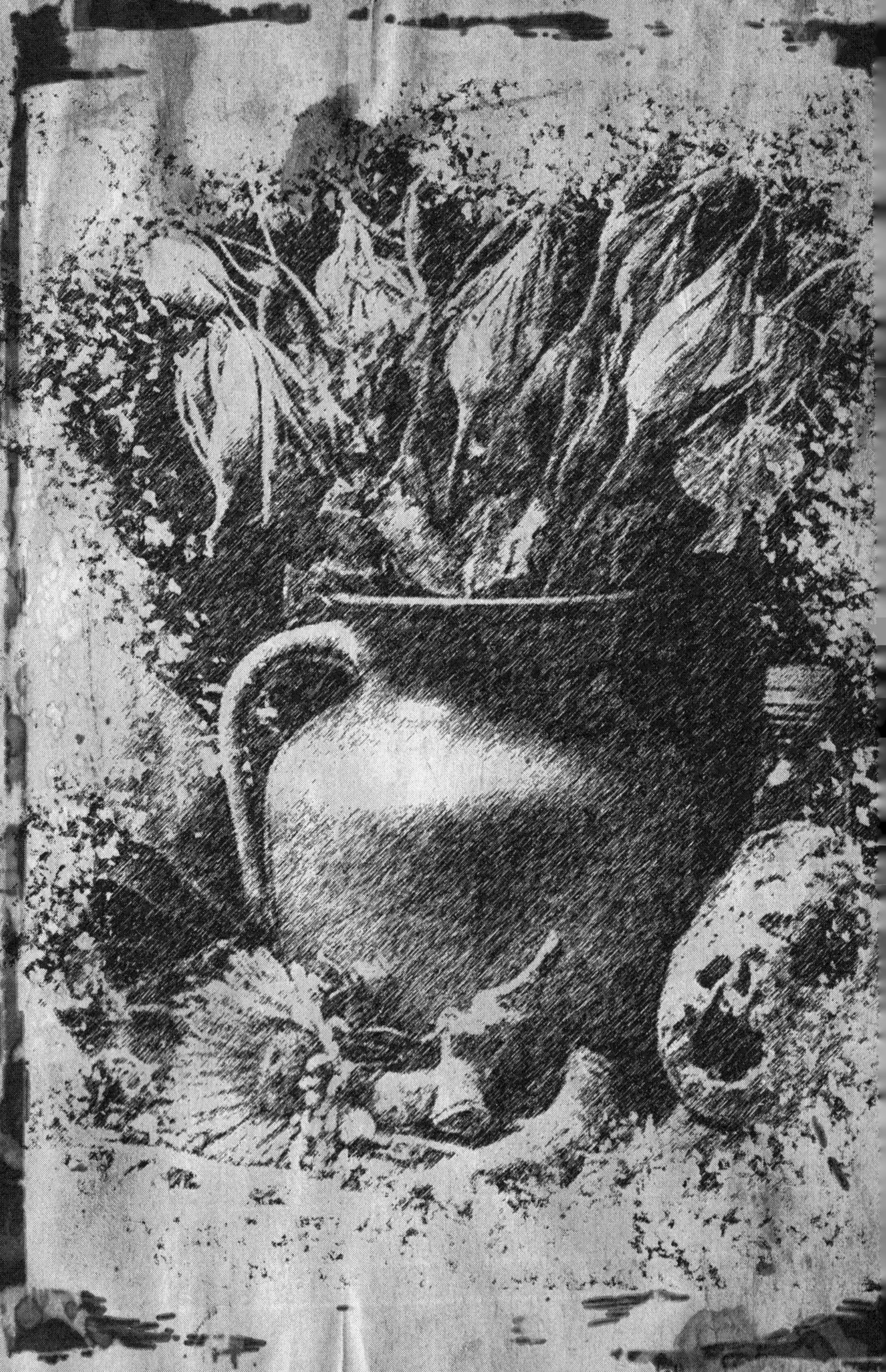

ERBE E PIANTE COME STRUMENTI ABITUALI

Di seguito un elenco di alcune delle erbe e piante comunemente usate e delle loro proprietà magiche. Attenzione, alcune erbe possono essere utilizzate per più di uno scopo.

Radice di Adamo ed Eva: usata per lavori sull'amore.

Bacche di pimento: portano fortuna sul lavoro e affari; alleviano lo stress psicologico.

Erba medica: fortuna generale, fortuna nel gioco, successo negli affari, sicurezza finanziaria, risoluzione dei problemi di denaro.

Aloe Vera: usata per lavori di protezione.

Ambra: usata per lavori sull'amore.

Anice: usata per lavori di protezione, fortuna generale; aumento delle capacità psichiche, protezione dal malocchio.

Basilico: Amore, protezione, felicità, pace.

Alloro: protezione, salute, successo, potenziamento dei doni spirituali; aumento della saggezza, della chiarezza di pensiero e dell'intuizione; allontanamento della negatività, allontanamento dei nemici, vittoria in ogni campo.

Betulla: utilizzata per lavori di protezione.

Grani di pepe nero: impediscono visite indesiderate, causano dolore e dispiacere a un nemico, vendetta.

Cactus: protezione. Gli aculei sono usati per portare sfortuna.

Erba gatta: Amore. Rende le donne attraenti per gli uomini

Cedro: protezione, pulizia, benedizione, salute.

Camomilla: fortuna generale, protezione, abbondanza economica.

Cannella: protezione, salute.

Chiodi di garofano: usati per lavori sull'amore e l'amicizia.

Trifoglio: utilizzato per lavori sull'amore

Dente di leone: esaudisce i desideri, aumenta le visioni psichiche.

Aneto: amore, protezione, sessualità, allontana la sfortuna e le malattie.

Sangue di drago: protezione e fortuna. Si consiglia di utilizzare l'inchiostro sangue di drago per le petizioni durante i rituali.

Eucalipto: protezione dalla sfortuna, allontanamento della negatività e di aspetti negativi del proprio carattere e di quelli altrui.

Finocchio: protezione, allontana le persone fastidiose e impiccione.

Aglio: usato per protezione e allontanamento negatività.

Zenzero: protezione, passione, sessualità e fortuna.

Agrifoglio: protezione della casa.

Edera: usata per lavori di protezione.

Gelsomino: usata per lavori sull'amore.

Ginepro: amore, protezione, benedizione, pulizia, guarigione. Le sue bacche portano fortuna nei rapporti sessuali.

Lavanda: amore, protezione, pace.

Melissa: allontana la sfortuna in amore, attira un nuovo amore.

Radice di liquirizia: per lavori di dominio.

Lilla: per lavori di protezione.

Foglie di magnolia: protezione, fedeltà.

Radice di mandragola: amore, protezione, successo in ogni campo.

Calendula: protezione.

Mimosa: protezione.

Menta: protezione, respingere i nemici, aumenta e migliora le capacità psichiche. Allontana gli spiriti indesiderati.

Vischio: protezione dai nemici, dalla negatività e dalla sfortuna in amore.

Semi di senape (bianchi): protezione, amore, aumento dell'energia durante i rituali.

Mirra: protezione, benedizione, purificazione.

Noce moscata: amore, fortuna generale.

Quercia: fortuna in generale, allontanamento degli spiriti indesiderati dalla casa o dal luogo di lavoro.

Buccia d'arancia: per lavori sulla fortuna.

Cipolla: protezione e allontanamento negatività.

Prezzemolo: protezione, amore, fertilità, morte.

Pino: per lavori sulla fortuna.

Foglie di lampone: portano fortuna e fedeltà.

Rosa: attira l'amore, la fortuna e la protezione.

Rosmarino: conferisce potere alle donne in ogni campo, potente guardiano, protezione; allontana la negatività, porta fortuna nelle questioni familiari. Aiuta per i sogni profetici.

Salvia: protezione, pulizia, benedizione, saggezza.

Timo: pace della mente; aumenta il denaro; blocca gli incubi.

Vaniglia: usata per lavori sull'amore.

Achillea: coraggio, audacia, divinazione, protezione.

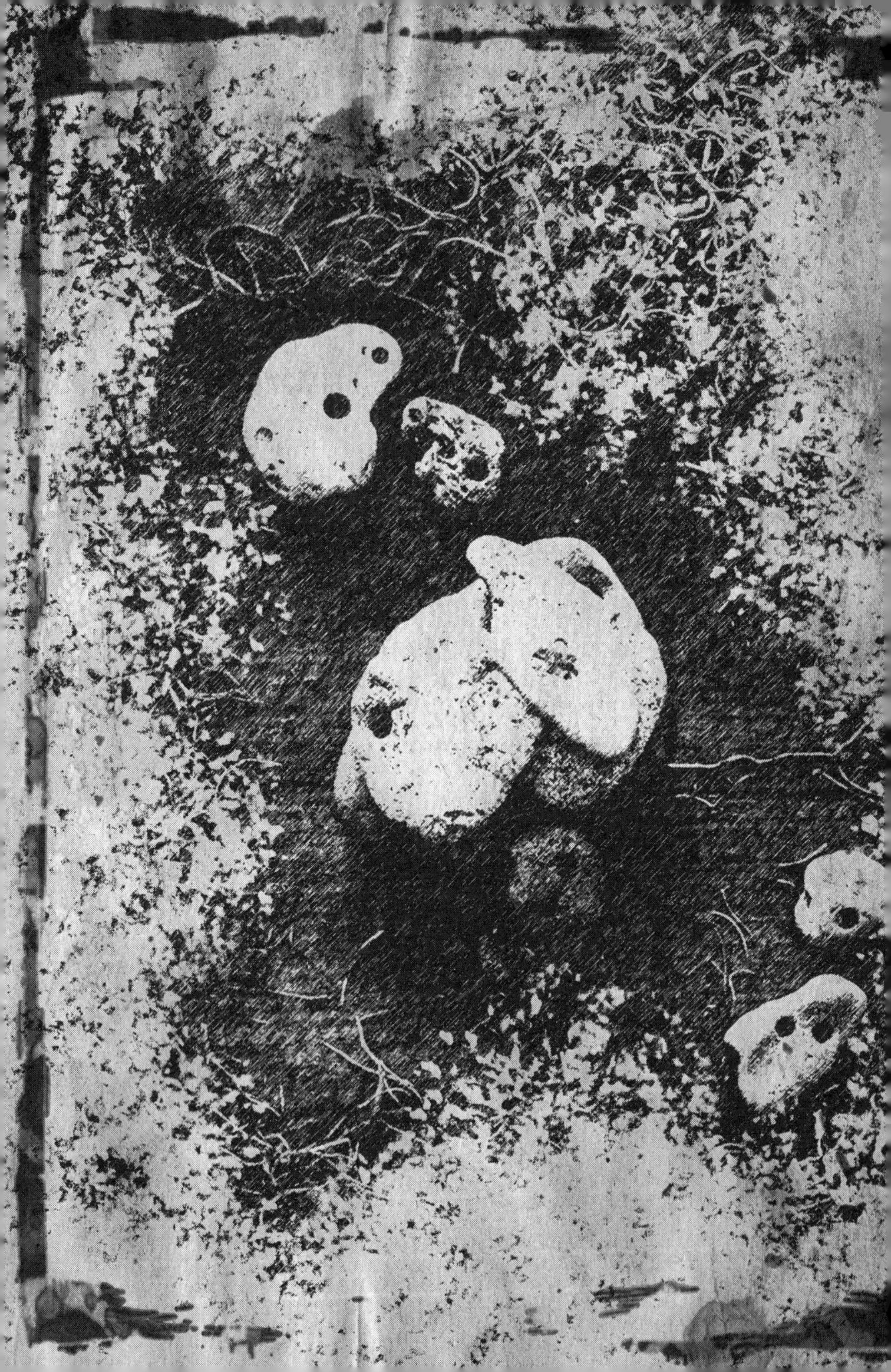

PIETRE E MINERALI

Di seguito un elenco di alcune pietre e minerali con relative proprietà per lavori e rituali.

Agata: salute (tonalità più chiare), fortuna.

Ambra: amore, fortuna.

Ametista: salute, protezione spirituale.

Acquamarina: amore.

Avventurina: fortuna.

Ematite: salute, meditazione, radicamento.

Giada: protezione, salute.

Diaspro: protezione.

Lapislazzuli: protezione, salute, chiaroveggenza, amore.

Malachite: protezione, amore.

Pietra di luna: protezione, amore.

Ossidiana: protezione.

Opale: amore.

Pirite: abbondanza economica.

Cristallo di rocca: protezione, benedizione, pace, salute.

Corallo rosso: protezione, amore.

Quarzo rosa: amore.

Rubino: protezione.

Zaffiro: salute.

Sodalite: salute.

Occhio di tigre: abbondanza economica.

Topazio: protezione, salute.

Turchese: protezione, salute.

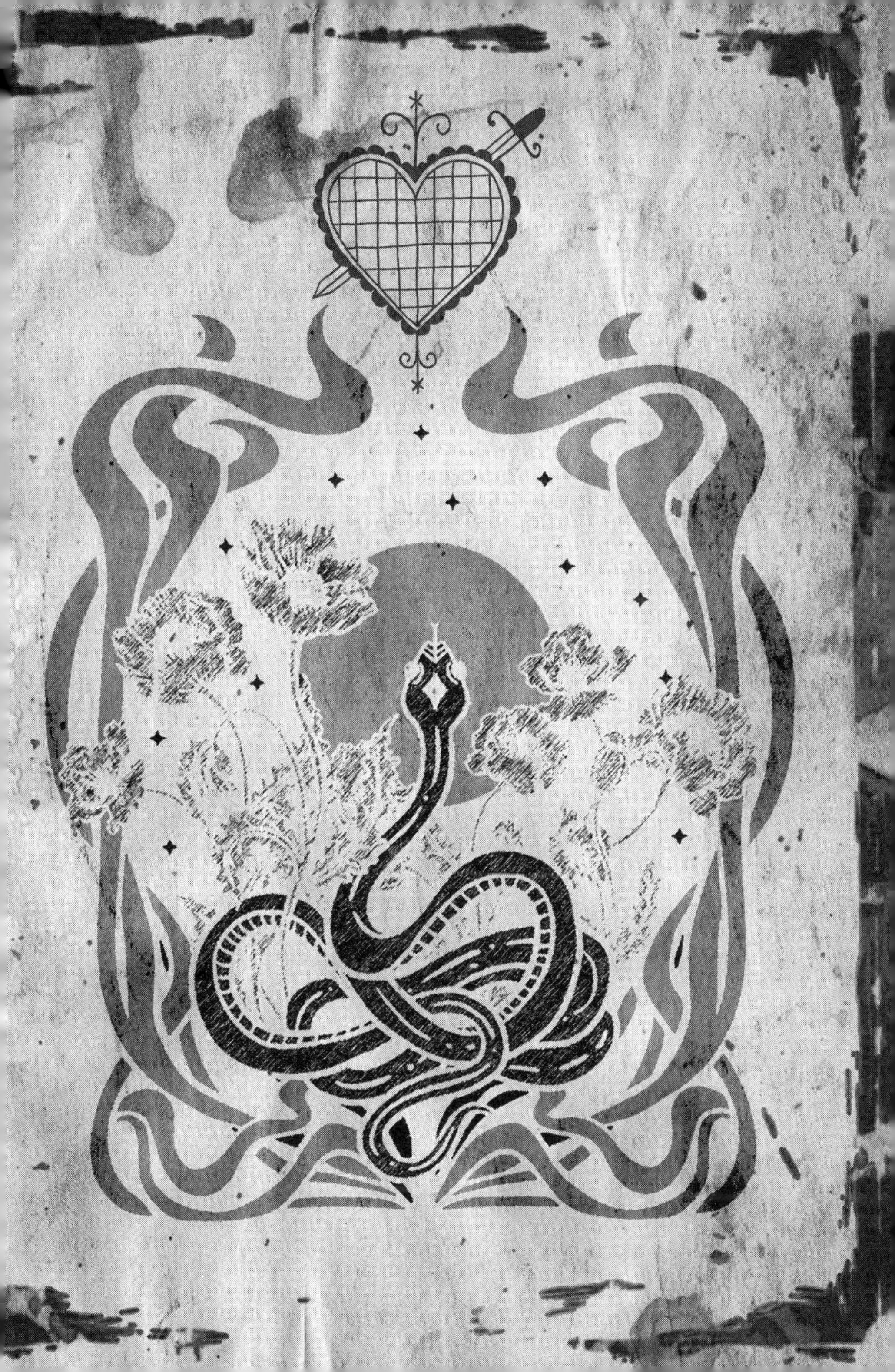

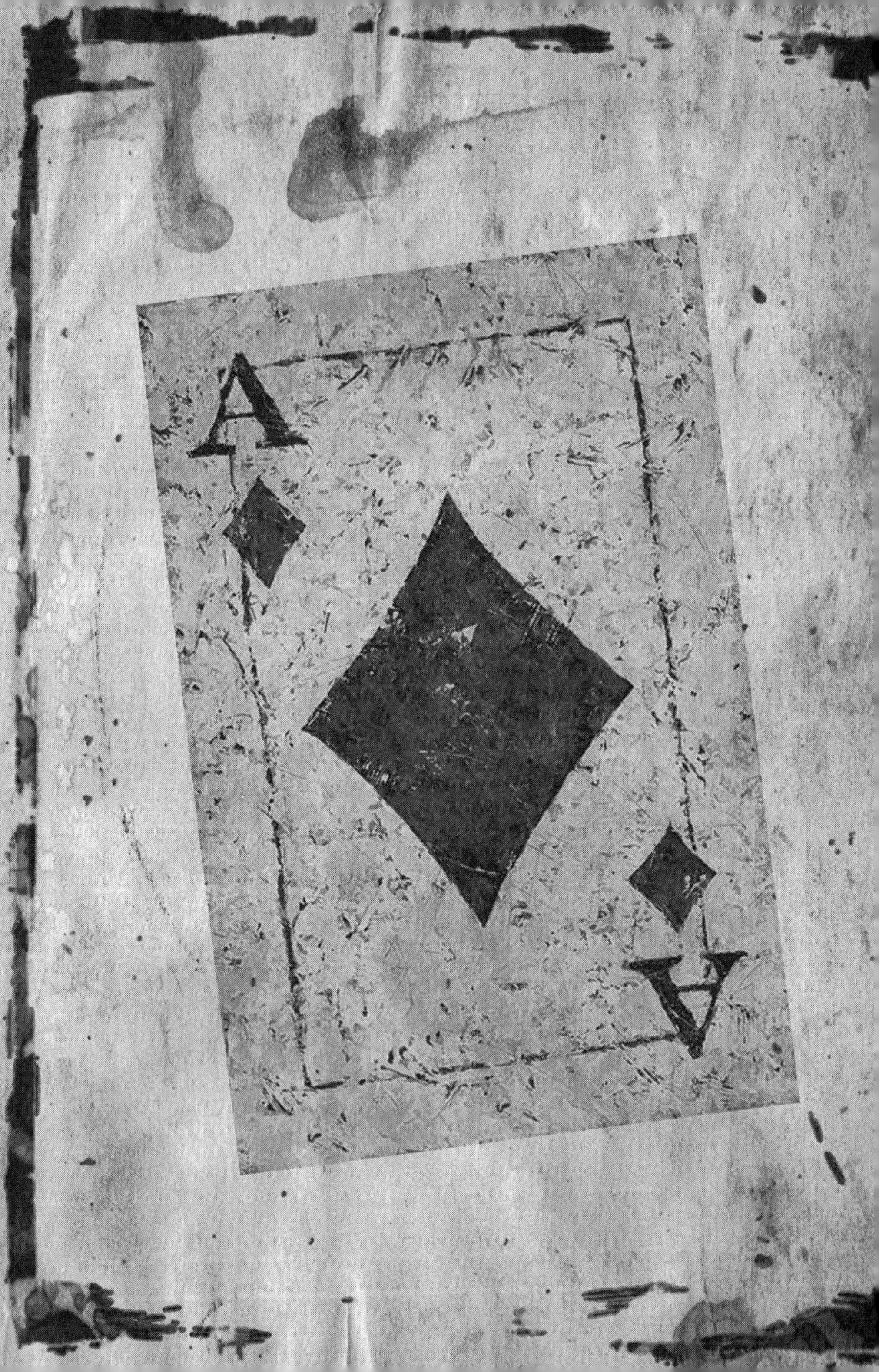
A
A

STRUMENTI GENERICI

Asso di quadri: fortuna e successo economico.

Ammoniaca: purificante, detergente, protettiva.

Punta di freccia: protezione, amore.

Pipistrello: porta fortuna, felicità, allontanare i nemici e le malelingue.

Fagioli neri: protezione.

Osso di gatto nero (si consiglia di sostituire con ossa di pollo dipinte di nero): porta fortuna e allontanamento negatività.

Pelo di gatto nero: fortuna nell'ambito economico, rottura di una coppia.

Pelo di cane nero: rompe una coppia, porta guai a una coppia, allontana i nemici

Sale nero: scopi malefici, bandi e allontanamento, aiuta a liberarsi di ospiti indesiderati, protezione.

Pietre blu: attira gli spiriti benevoli, allontana gli spiriti maligni, protezione, successo.

Ginestra: protezione, pulizia, far litigare due persone, allontana i visitatori indesiderati, impedisce il ritorno di visitatori fastidiosi o invadenti.

Catena: protezione.

Chiodi da bara: usati per incantesimi di protezione e magia nera, distruzione, dominio, protezione, rottura di una coppia.

Monete: denaro.

Conchiglie: utilizzate nella divinazione. Usati per incantesimi d'amore e di sfortuna.

Dadi (coppia): abbondanza economica.

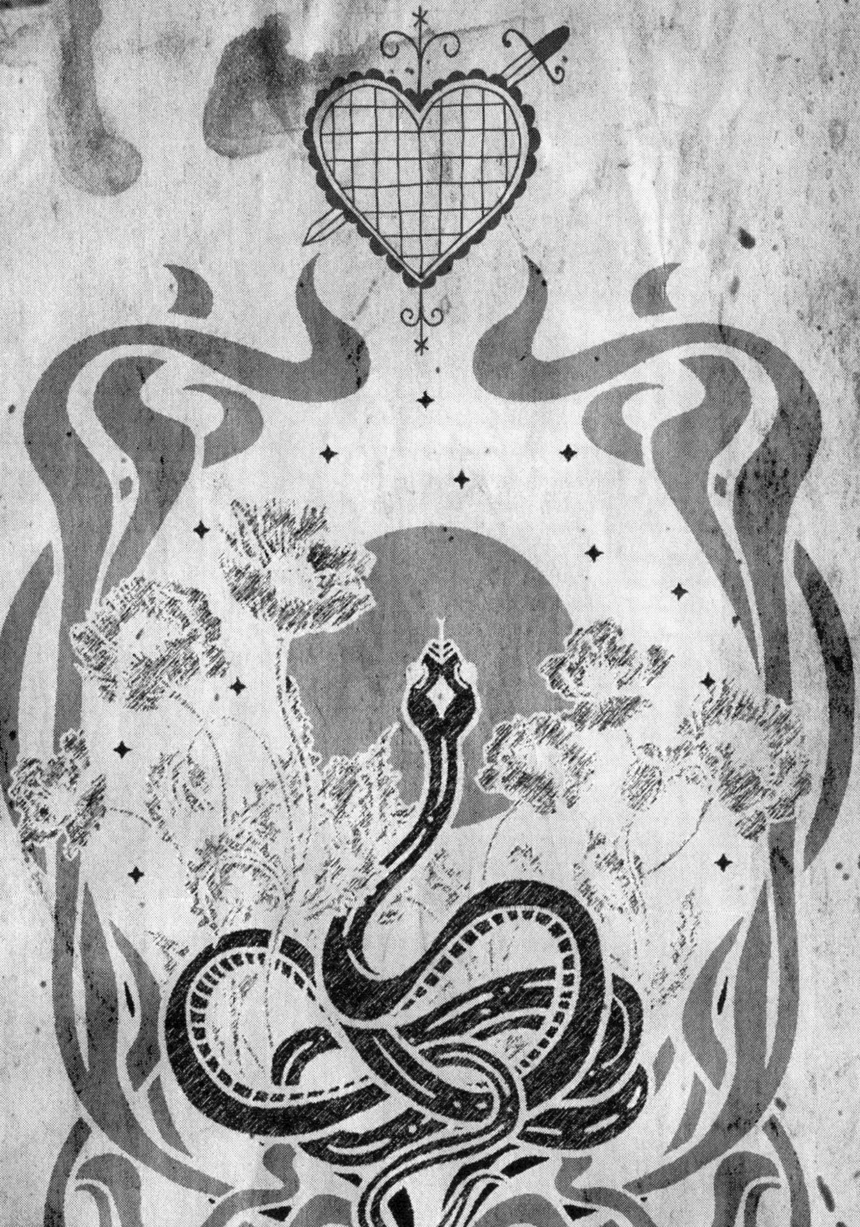

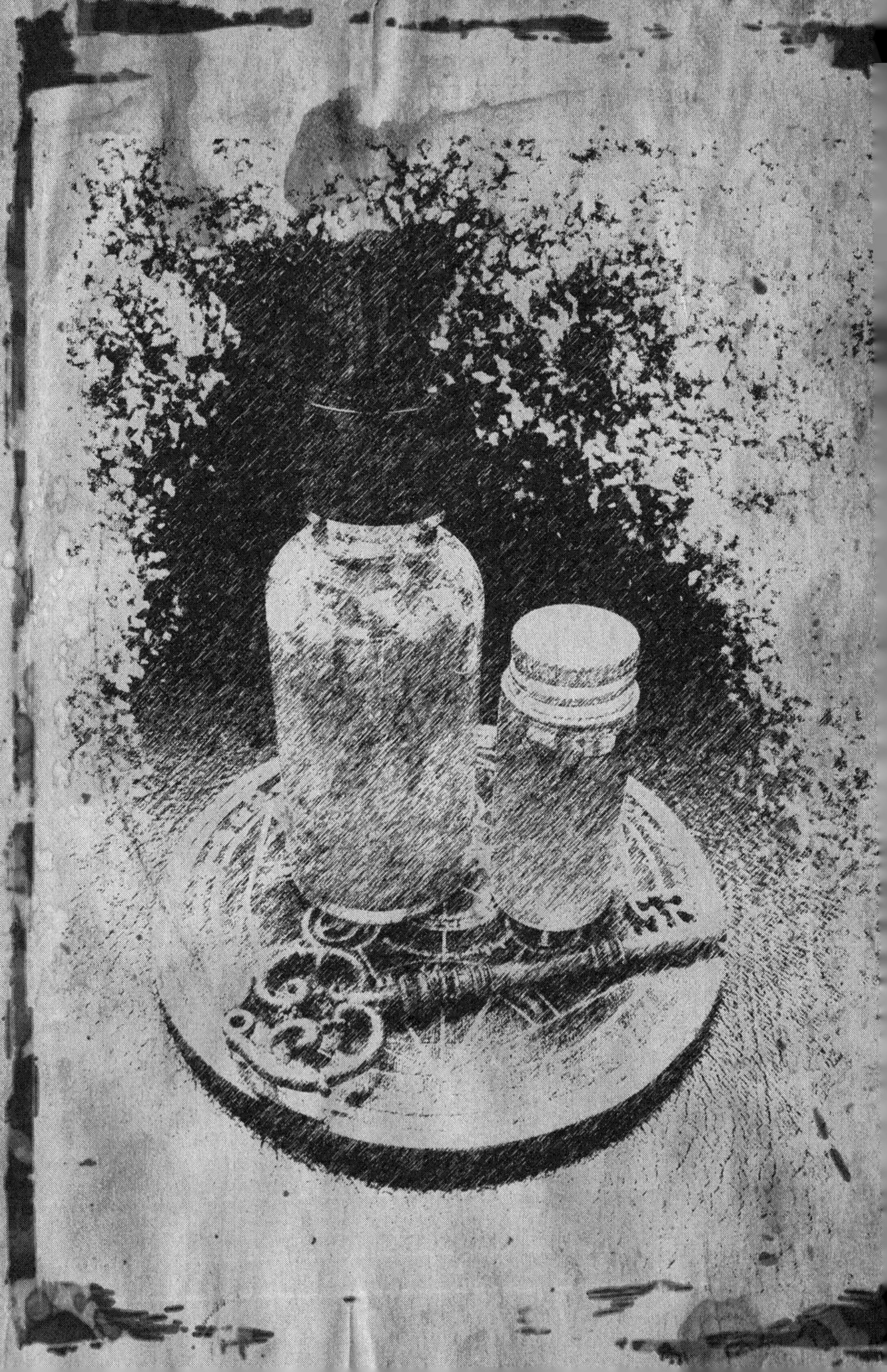

INCANTESIMI CON OLI

Molti incantesimi Hoodoo richiedono determinate miscele di oli e polveri per compiere un lavoro o per migliorare un incantesimo. Utilizzate sempre un olio naturale per miscelare gli oli magici, poiché gli oli non miscelati possono bruciare la pelle. Si consiglia l'olio di mandorle per miscelare gli oli magici e l'olio d'oliva per miscelare gli oli sacri. L'olio di jojoba è una buona alternativa perché non irrancidisce, anche se è più costoso degli altri. È sempre consigliabile aggiungere a tutti gli oli elencati la tintura di benzoino o l'olio di vitamina E per evitare che irrancidiscano.

L'olio di jojoba ha una durata di conservazione indefinita.

L'olio di semi si conserva per circa 18 - 24 mesi.

L'olio d'oliva ha una durata di conservazione di circa 12 - 18 mesi se conservato correttamente in un luogo fresco e buio.

L'olio di mandorle dolci ha la durata di conservazione di circa 3 - 6 mesi se non è refrigerato. Se refrigerato, la durata di conservazione può aumentare fino a 12 mesi.

Come regola generale, si può usare il seguente metodo per creare gli oli: in un mortaio con pestello, versate un po' del vostro olio di base (oliva, mandorla, jojoba) e poi aggiungete le erbe e gli altri ingredienti.

Schiacciate delicatamente il composto e trasferitelo in un contenitore ermetico e conservatelo in un luogo buio. Dopo quattro giorni, controllate l'olio per vedere se la fragranza ha raggiunto l'intensità desiderata. In caso affermativo, è possibile filtrare l'olio.

Se non si ottiene la giusta forza aromatica, filtrare l'olio nel mortaio, aggiungere una quantità di olio di base sufficiente e ripetere il processo di aggiunta degli ingredienti e di conservazione per tre giorni alla volta. Ripetere l'operazione tutte le volte che è necessario per ottenere la forza desiderata.

Alcune erbe e resine vengono assorbite più facilmente di altre. Se si dispone di un olio essenziale di un'erba utilizzata nella ricetta, è possibile aggiungerne un po' per esaltarne l'aroma. Assicuratevi di aggiungere qualche goccia di tintura di benzoino agli oli, altrimenti irrancidiscono (a meno che non usiate l'olio di jojoba come base).

Nella realizzazione degli oli, bisogna stare attenti alla possibile reazione allergica a qualsiasi olio o miscela di oli. Prima di utilizzare qualsiasi olio essenziale a contatto con la pelle, è necessario eseguire un test cutaneo.

Gli oli essenziali non devono mai essere utilizzati non diluiti sulla pelle e nemmeno assunti per via orale. Per lavorare con gli oli essenziali è necessario conoscerne le proprietà.

Oli pericolosi: Mandorla amara, Arnica, Boldo, Ginestra, Calamo, Canfora, Cassia, Cerfoglio, Cannella (corteccia), Finocchio (amaro), Rafano, Artemisia, Senape, Origano, Centella, Pino (nano), Ruta, Salvia (comune), Santolina, Sassafrasso, Savina, Santoreggia, Assenzio.

Gli oli essenziali che dovrebbero essere usati con moderazione a causa dei livelli di tossicità sono: Anice stellato, Alloro, Canfora (bianca), Legno di cedro, Cannella (foglia), Chiodi di garofano (gemma), Coriandolo, Eucalipto, Finocchio (dolce), Luppolo, Issopo, Ginepro, Noce moscata, Prezzemolo, Pepe (nero), Salvia (spagnola), Dragoncello, Timo (bianco), Curcuma, Valeriana.

Oli che possono irritare la pelle, soprattutto se usati in alta concentrazione sono: Pimento, Anice, Pepe nero, Cannella, Chiodi di garofano, Menta, Eucalipto, Aglio, Zenzero, Limone, Prezzemolo, Menta piperita, Timo e Curcuma.

Gli oli che possono causare sensibilizzazione sono: Alloro, Benzoino, Legno di cedro, Camomilla, Citronella, Aglio, Geranio, Zenzero, Luppolo, Gelsomino, Limone, Citronella, Melissa, Mastice, Menta,

Arancio, Balsamo del Perù, Pino (silvestre e a foglia lunga), Storace, Albero del tè, Timo (bianco), Balsamo di Tolu, Curcuma, Trementina, Valeriana, Vaniglia, Verbena, Viola, Achillea.

Alcuni oli sono fototossici, cioè, possono causare la pigmentazione della pelle se esposti alla luce solare diretta. Non utilizzare i seguenti oli, né lisci né in diluizione, sulla pelle se l'area è esposta al sole: Radice di Angelica, Bergamotto, Cumino, Zenzero, Limone Mandarino, Arancio e Verbena.

Gli oli essenziali dovrebbero essere conservati in bottiglie o flaconi di vetro scuro. Tuttavia, gli oli essenziali possono essere confezionati in flaconi o flaconcini di vetro trasparente se sono conservati in una scatola scura.

Gli oli per unguenti possono essere preparati utilizzando diverse concentrazioni di oli essenziali. Aggiungere 60 - 75 gocce di olio essenziale o di miscela di oli essenziali a circa 1 parte di olio base.

Per la creazione di oli da profumo aggiungere fino a 20 gocce di olio essenziale a 1/3 di olio di base. Esistono due tipi di oli che funzionano bene per i profumi: l'olio di jojoba e l'olio di cocco. Questi oli hanno una lunga durata di conservazione e sono quasi inodori.

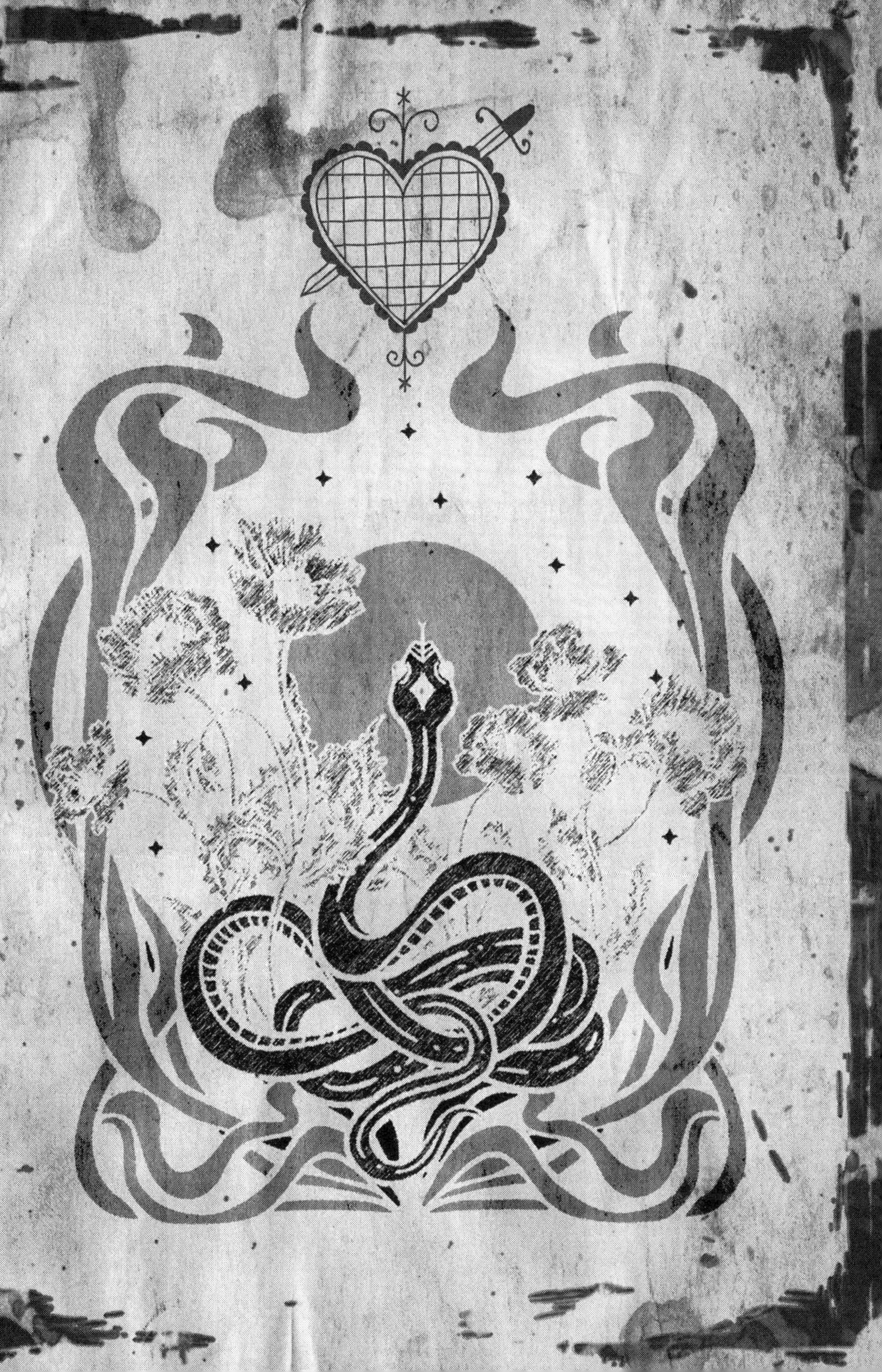

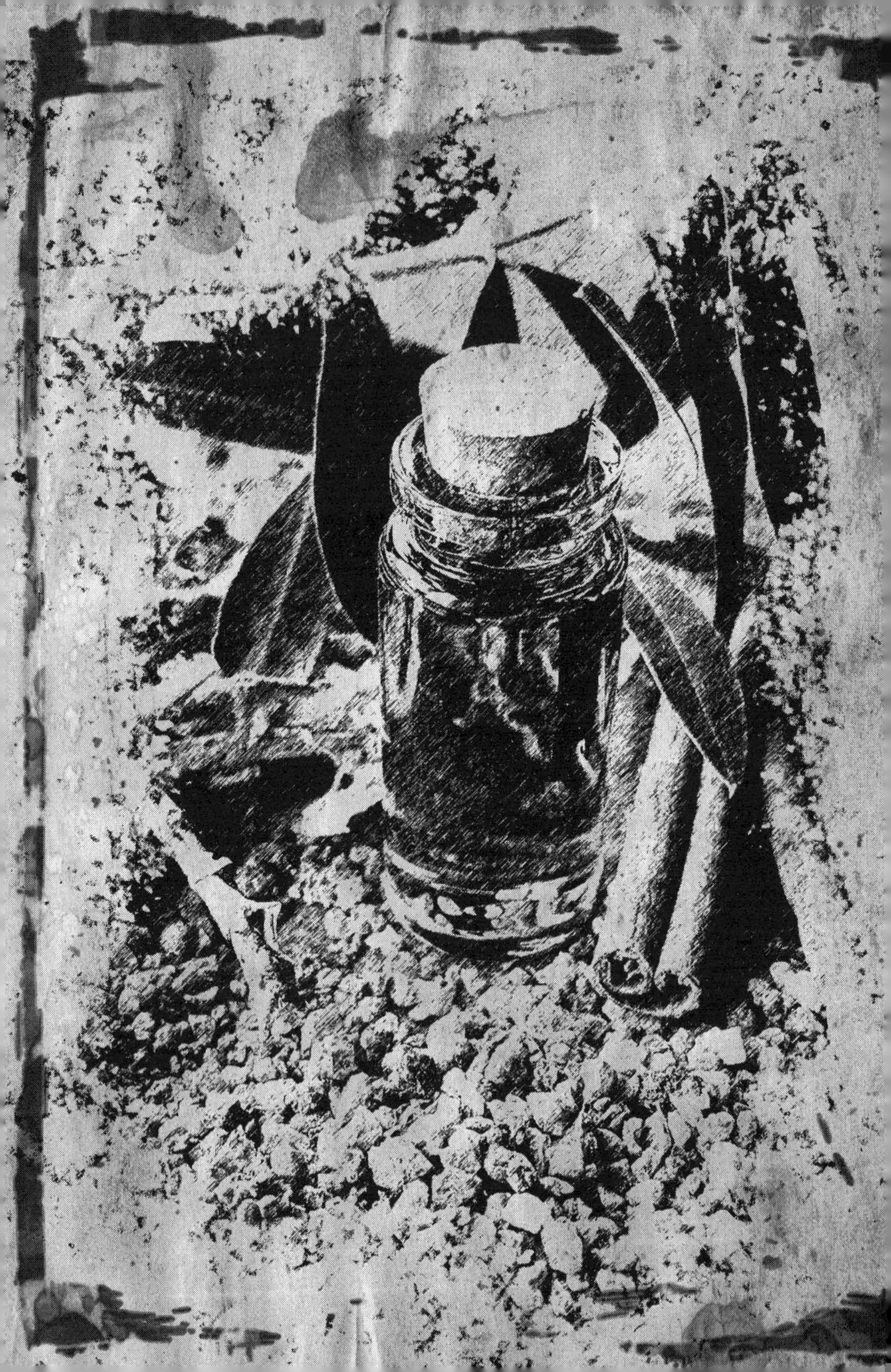

OLIO DI ABRAMELIN

L'Olio di Abramelin è una famosa formula per l'olio rituale il cui nome deriva dal fatto che sia stato descritto in un grimorio medievale chiamato "Il Libro della Sacra Magia di Abramelin il Mago" scritto da Abraham of Worms, un cabalista ebreo del XV secolo. La ricetta è adattata dall'Olio Santo ebraico del Tanakh, descritto nel Libro dell'Esodo attribuito a Mosè.

C'è un po' di controversia riguardante uno degli ingredienti, a causa di problemi di traduzione riguardanti un manoscritto francese del libro, diversi manoscritti tedeschi, un manoscritto aramaico, un errore nella traduzione inglese della fine del XIX secolo di SL McGregor Mathers (dall'incompleto manoscritto francese) e la scrittura ebraica da cui ovviamente deriva la ricetta.

Esistono, soprattutto tra gli occultisti, quattro forme diversi di Olio di Abramelin.

Nei manoscritti originali, la ricetta dell'olio di Abramelin è la seguente: "Prepara l'olio sacro in questo modo. Prendi una parte di Mirra in lacrime; di cannella pregiata, due parti; di Calamus mezza parte; e la metà del peso totale di queste droghe del miglior Olio d'Oliva. Gli aromi che mescolerai insieme secondo l'arte del farmacista, e ne farai un balsamo, che conserverai in una fiala di vetro che metterai nella credenza dell'altare".

Chi conosce la ricetta dell'Olio Santo Ebraico riconoscerà subito la derivazione di questa formula, fino alla frase "secondo l'arte del farmacista".

Ecco la ricetta dell'Olio Santo Ebraico dalla Bibbia:

"Prenditi anche gli aromi principali, cinquecento sicli di mirra pura, e di cannella dolce la metà, [anche] duecentocinquanta [sicli], e di calamo dolce duecentocinquanta [sicli], E della cassia cinquecento [sicli], secondo il siclo del santuario, e una parte di olio d'oliva; e ne farai un olio di unguento santo, unguento preparato secondo l'arte dello speziale: sarà l'olio della santa unzione. (Esodo 30:22-33)"

La Bibbia elenca cinque ingredienti: mirra, cannella, cassia, calamo e olio d'oliva.

I quattro ingredienti elencati da Abraham of Worms nel "Libro della Sacra Magia di Abramelin il Mago" sono Mirra, Cannella, Calamo e Olio d'oliva.

Poiché Cannella e Cassia sono due specie dello stesso genere Cinnamomum, il loro raddoppio in un unico nome da parte dell'autore medievale Abraham of Worms non è inaspettato. Le sue ragioni per farlo potrebbero essere state spinte da una pia decisione di evitare di duplicare il vero Olio Santo, o da una tacita ammissione che nell'Europa medievale era difficile ottenere Cannella e Cassia come prodotti separati.

L'Olio di Abramelin prodotto mediante macerazione si prepara con il seguente modo:

4 parti di aculei di corteccia di cannella, ridotti in polvere
2 parti di resina di mirra, macinata finemente
1 parte di radice di calamo tritata e ridotta in polvere
metà del peso totale precedente in olio d'oliva

La miscela viene fatta macerare per un mese, quindi travasata e imbottigliata per l'uso, producendo un olio profumato adatto ad ungere qualsiasi parte del corpo. Può essere applicato liberamente, alla maniera dei tradizionali oli santi ebraici, come quello che fu versato sulla testa di Aronne finché non colò lungo la sua barba.

Coloro che desiderano realizzare una versione dell'Olio di Abrameli nella forma originale, con Calamus, ma utilizzando una moderna sostituzione di oli essenziali per la materia vegetale grezza, potrebbero utilizzare questa formula:

4 parti di olio essenziale di cannella
2 parti di olio essenziale di mirra
1 parte di olio essenziale di calamo
28 parti di olio d'oliva

Questo è un olio altamente profumato che può essere applicato sul corpo secondo le tradizioni antiche, medievali e moderne sia della magia popolare che della magia rituale.

OLIO PER BENEDIZIONE

L'olio seguente è ottimo per benedire se stessi o gli altri, gli oggetti rituali o tutto ciò che si trova sull'altare.

4 gocce di incenso
2 gocce di mirra
1 goccia di cedro
Frullare con 2 parti di olio d'oliva.

OLIO PER UNZIONE

Questa formula è perfetta per gli atti di consacrazione.

Incenso 35 gocce
Mirra 35 gocce
Mescolare con un grammo di olio di oliva.

OLIO PER ATTRAZIONE

Attira denaro e amore.
Mescolare in parti uguali

Olio essenziale di rosa
Olio essenziale di geranio rosa
Olio di lavanda
Olio di vaniglia
Olio di sandalo

OLIO DI DOMINAZIONE

Questo olio estremamente potente fa sì che gli altri eseguano i vostri ordini. Usatelo per rompere qualsiasi malocchio e per ordinare agli spiriti maligni di tornare al loro mittente. Questo olio è adatto per ungere candele e bambole Voodoo.

Radice di calamo
Radice di liquirizia
Foglie di bergamotto o olio essenziale di bergamotto
Frullare insieme a qualche granello di incenso in olio di mandorle e a un po' di olio di vitamina E.

OLIO DELLE ARTI NERE

L'olio delle Arti Nere è uno dei più potenti oli di magia nera con molti usi ed è di colore marrone. Esistono molte ricette per l'Olio delle Arti Nere. Io uso la seguente:

mezzo contagocce di olio essenziale di patchouli
mezzo contagocce di olio essenziale di pepe nero
un pizzico di radice di valeriana
un pizzico di pelo di cane barboncino nero
un pizzico di semi di senape nera
un pizzico di muschio
un pizzico di verbasco
un pizzico di zolfo in polvere
nove grani di pepe nero interi
Miscelare in mezzo litro di olio base, ad esempio di mandorle.

OLIO PER LA CONFUSIONE

L'olio per la confusione viene utilizzato quando si vuole disturbare la mente di un'altra persona e la sua capacità di pensare con chiarezza.

Pepe di Guinea
Radice di cicoria
Radice di liquirizia

Aggiungete un pizzico di ciascuno di essi a una base di olio per creare confusione nel vostro rivale.

OLIO PER I SOGNI PROFETICI

Per sogni profetici, miscelare quanto segue e ungere la fronte prima di andare a dormire:

Aceto di vino rosso
Vino rosso
Manciata di rosmarino
Miele

OLIO DI PAPA LEGBA

Usate l'olio di Papa Legba per creare opportunità e rimuovere gli ostacoli.

Un pizzico di fondi di caffè
3 gocce di olio di avocado
3 gocce di olio di cocco
Olio di palmisti
Un pizzico di zucchero
Gocce di rum
Miscelare con olio base di mandorle e utilizzare per eliminare gli ostacoli dalla propria vita.

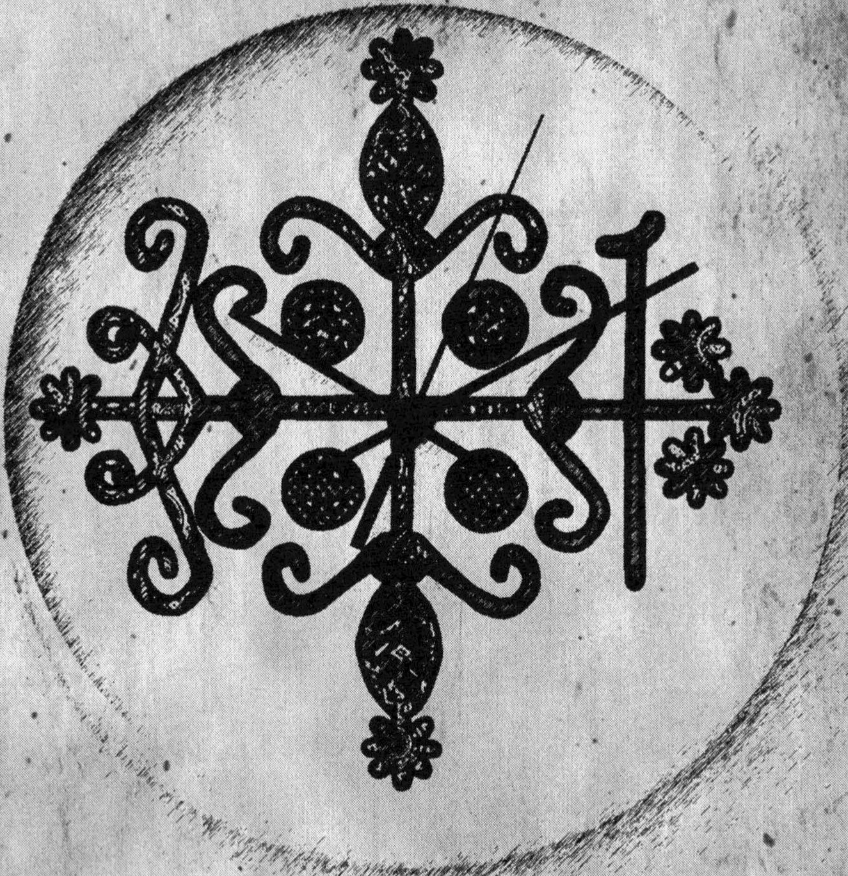

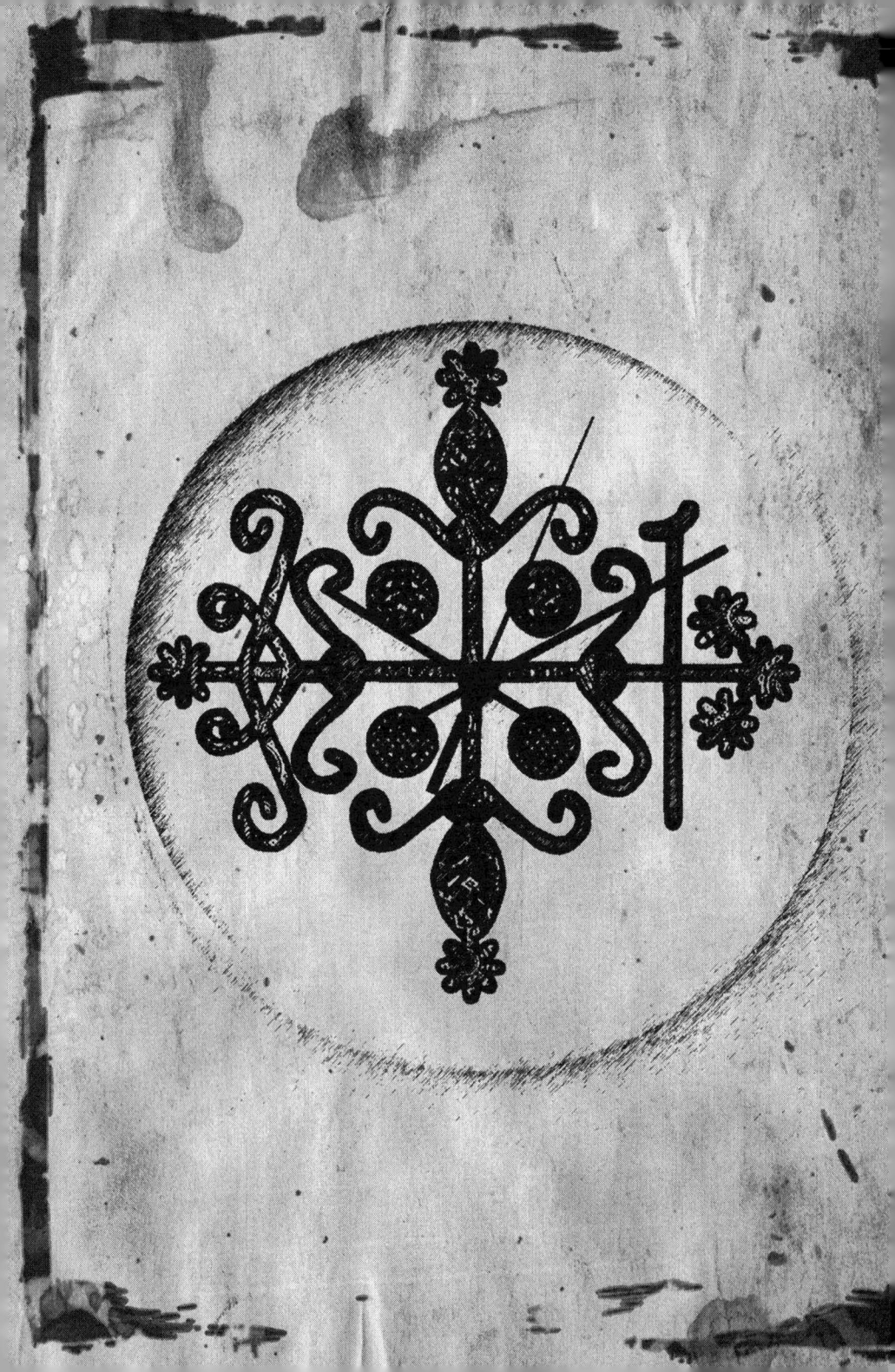

PAPA LEGBA

Papa Legba è l'intermediario tra gli spiriti e l'umanità. È uno dei più importanti Loa ed è sempre il primo e l'ultimo spirito invocato in ogni cerimonia, perché il suo permesso è necessario per qualsiasi comunicazione tra gli esseri umani e i Loa - apre e chiude le porte del mondo degli spiriti. Si ritiene che Legba parli tutte le lingue umane.

Papa Legba appare di solito come un uomo anziano con una stampella o con un bastone, indossa un cappello di paglia a tesa larga e fuma la pipa. Spesso è accompagnato da un vecchio cane e un gallo, animali sacri per la sua figura. Essendo il *guardiano* tra il mondo dei vivi e quello dei morti, viene spesso identificato con San Pietro, che occupa una posizione analoga nella tradizione cattolica. Ad Haiti è anche raffigurato come San Lazzaro o Sant'Antonio. Si dice che a Papa Legba piacciano le caramelle, le noci, il rum, il tabacco, la pipa e il cocco come offerte. In cambio aiuta le persone a superare vari problemi.

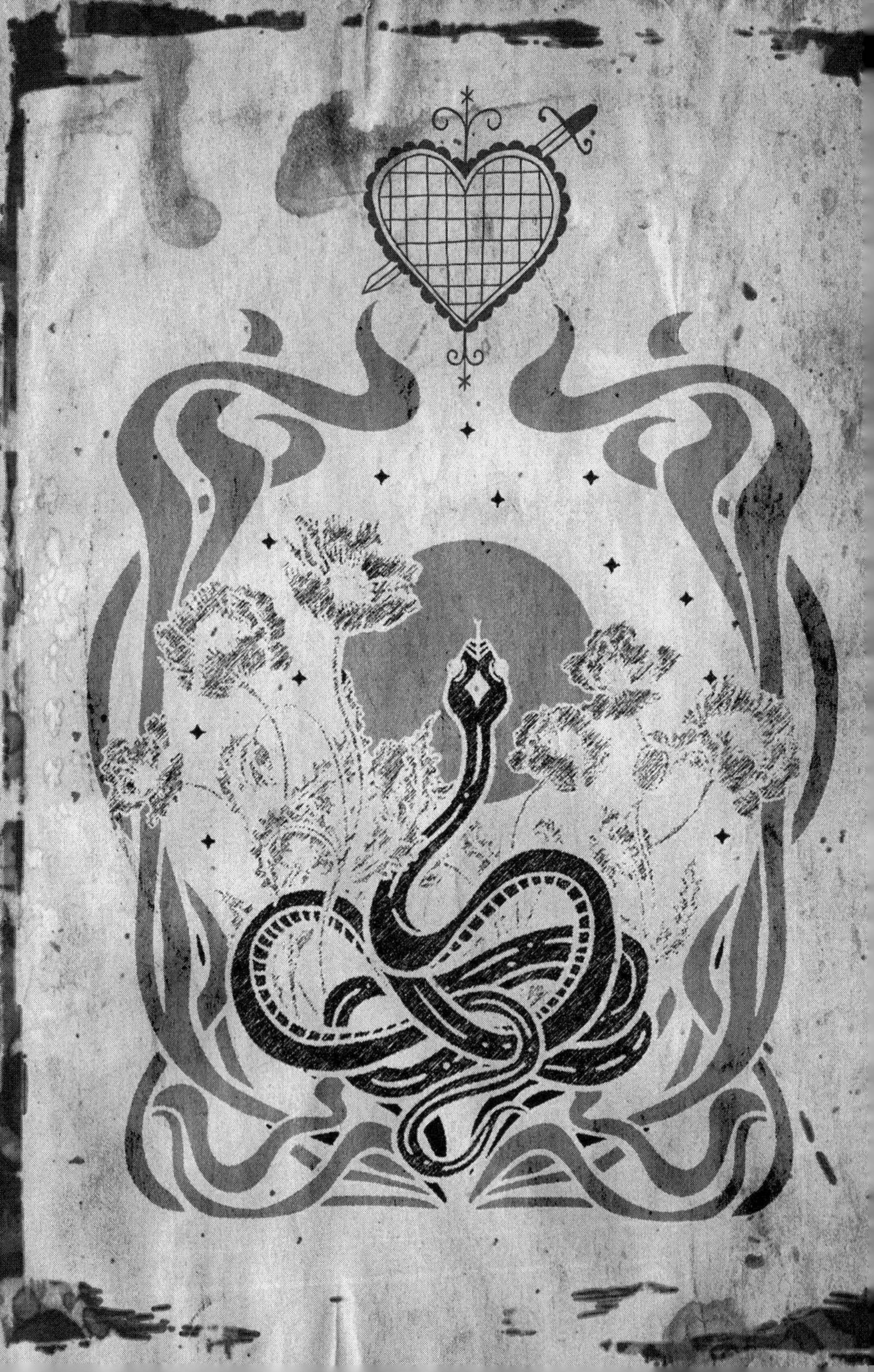

L'Hoodoo mi ha insegnato come aiutare gli altri in un modo che nessun percorso spirituale aveva mai fatto prima.

Mi ha portato a comprendere le gabbie in cui ci chiudiamo quando accettiamo le teologie e i dogmi creati per controllarci attraverso la paura.

Mi ha dato modo di capire che arriva un momento in cui non dobbiamo più porgere passivamente l'altra guancia e aspettare che il karma faccia effetto, e che a volte dobbiamo essere noi stessi lo strumento della nostra liberazione e del nostro benessere.

L'Hoodoo permette di andare al di là dei propri limiti magici, sporcandosi le mani quando necessario.

Ringrazio Papa Legba per il suo modo di aiutarmi quando le cose si fanno difficili.

Ringrazio gli Spiriti che mi danno modo di sentire e vedere l'altra parte.

A te, กุมารทอง.

Emanuela A. Imineo

INDICE

HOODOO 7
STRUMENTI HOODOO 25
POLVERE DI MATTONI ROSSI 27
L'IMPRONTA DEL PIEDE 29
VASETTI DI MIELE 33
TERRA DEL CIMITERO 37
BORSE MEDICINA O GRIS GRIS 41
LA MAGIA DEGLI INCROCI 45
PROTEZIONE 49
BOTTIGLIA PER LA PROTEZIONE 51
ELIMINARE MALEDIZIONI E FATTURE 53
PER AVER MAGGIORE SALUTE 57
MATRIMONIO 61
PER AVERE FORTUNA 63
DIVINAZIONE E PRESAGI 65
LAVORARE CON LE ENERGIE E LE VISIONI .. 69
ACQUA SANTA 73
GRIS GRIS PER ABBONDANZA ECONOMICA, VINCERE CAUSE GIUDIZIARIE 75

GRIS GRIS PER ATTIRARE
L'ATTENZIONE SU DI SÈ 77
ERBE E PIANTE COME
STRUMENTI ABITUALI 79
PIETRE E MINERALI 85
STRUMENTI GENERICI 89
INCANTESIMI CON OLI 93
OLIO DI ABRAMELIN 99
OLIO PER BENEDIZIONE 102
OLIO PER UNZIONE 103
OLIO PER ATTRAZIONE 104
OLIO DI DOMINAZIONE 105
OLIO DELLE ARTI NERE 106
OLIO PER LA CONFUSIONE 107
OLIO PER I SOGNI PROFETICI 108
OLIO DI PAPA LEGBA 109
PAPA LEGBA 111

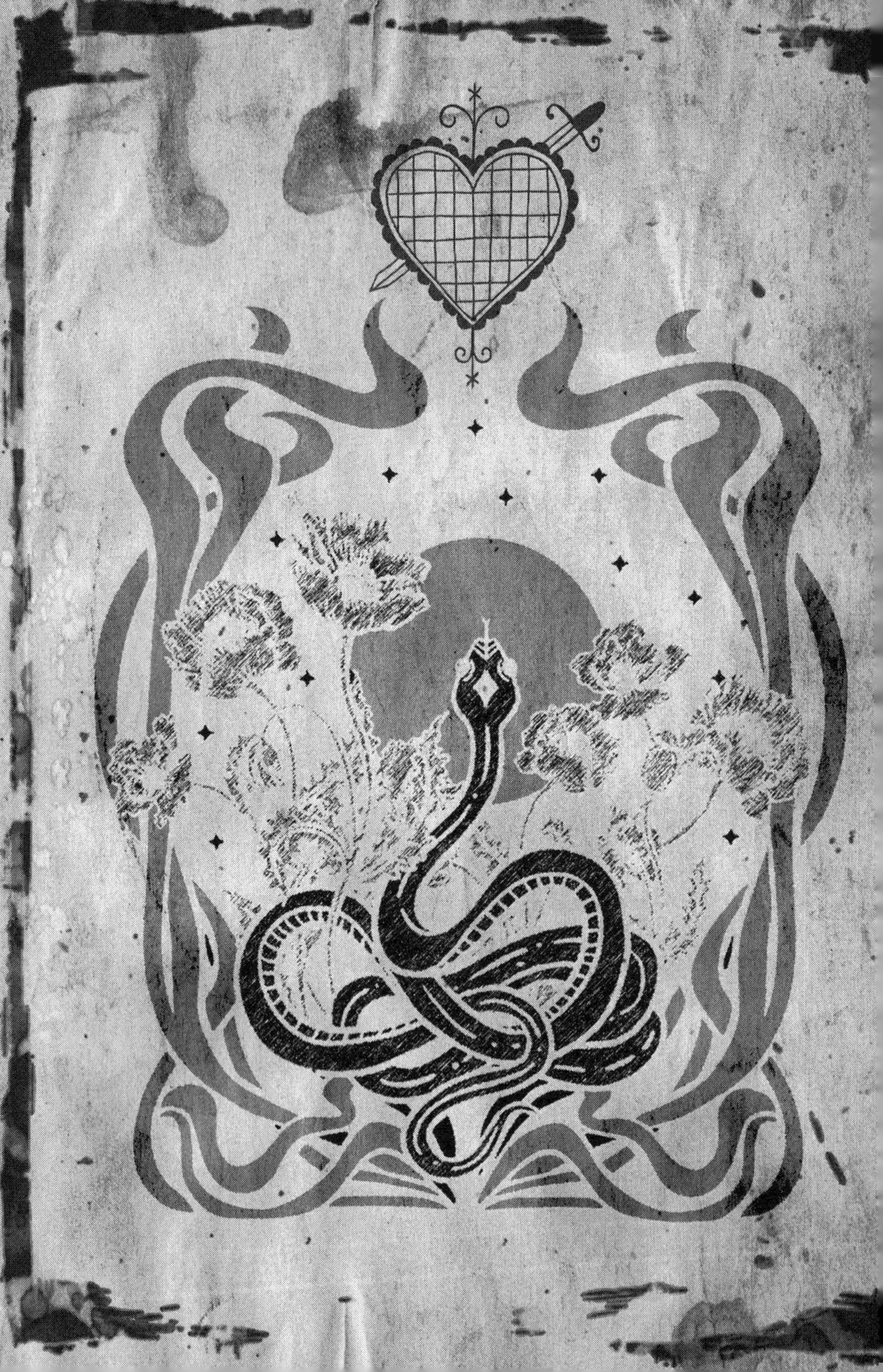

Printed by Amazon Italia Logistica S.r.l.
Torrazza Piemonte (TO), Italy